I0450796

Como quien se desangra
Pedro Ángel Palou

La Pereza Ediciones

Como quien se desangra

© Pedro Ángel Palou
Primera edición, 1991
Segunda edición, 2018

Diagramación: Yissel Casado
Diseño de portada: Estudio Sagahón/Leonel Sagahón
Foto del autor: A. Montiel
© Sobre esta edición: mayo de 2018
La Pereza Ediciones, Corp
www.lapereza.net

ISBN-13: 978-09993148-3-8 (La Pereza Ediciones)

Impreso en Estados Unidos de América

Como quien se desangra

Pedro Ángel Palou

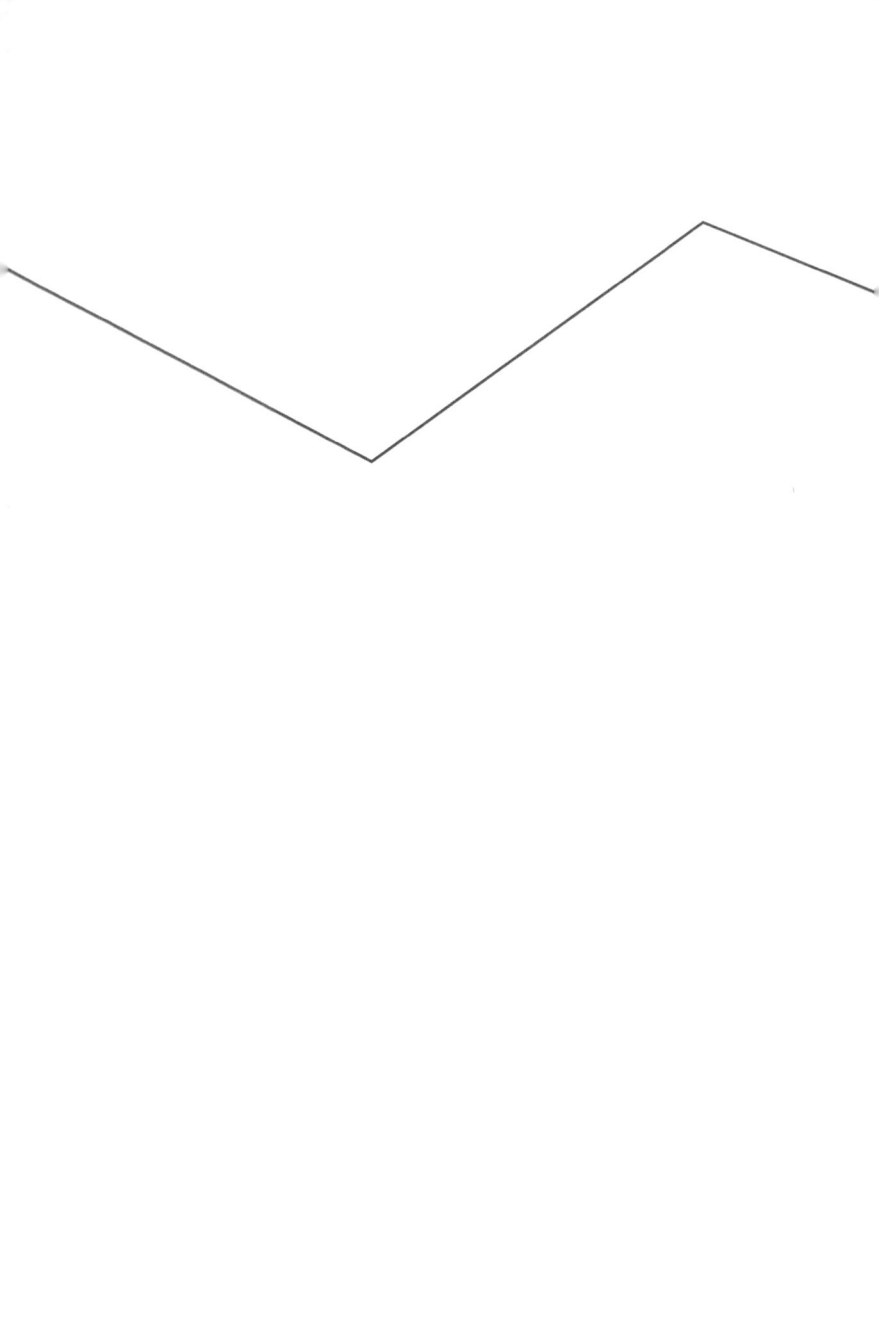

Me fui como quien se desangra.

Ricardo Guiraldes

*La muerte de un hombre tiene que ser
siempre un argumento central. Por eso,
entre otras cosas, son tan estúpidas las
guerras: derrochan y sacrifican, al mismo
tiempo, miles de argumentos centrales.*

Blas de Otero

*Si he perdido la vida, el tiempo, todo
lo que tiré, como anillo, al agua,
si he perdido la voz en la maleza,
me queda la palabra.*

*Si he sufrido la sed, el hambre, todo
lo que era mío y resultó ser nada,
si he segado las sombras en silencio,
me queda la palabra.*

*Si abrí los labios para ver el rostro
puro y terrible de mi patria,
si abrí los labios hasta desgarrármelos,
me queda la palabra.*

Carlos Martínez Moreno

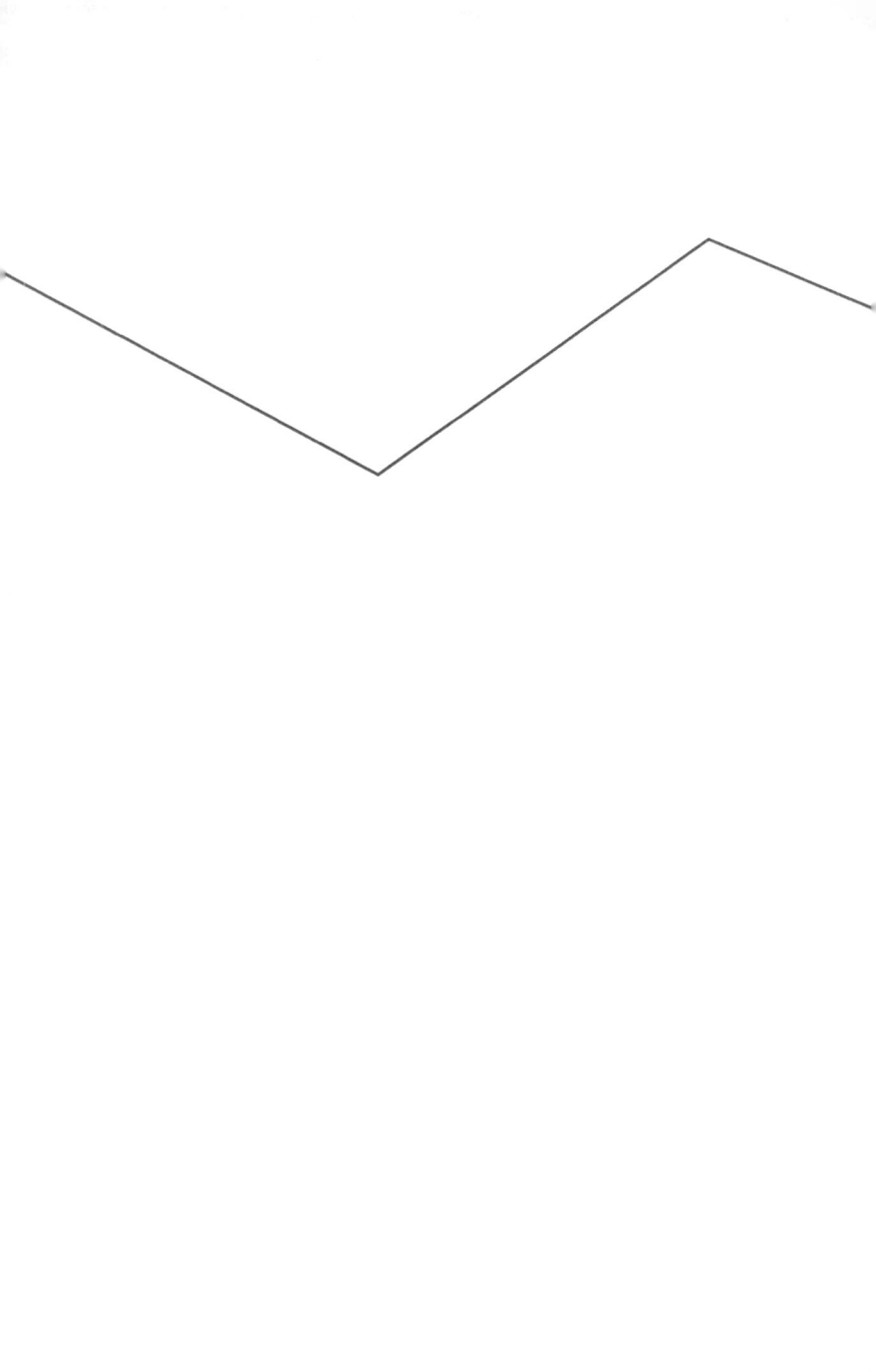

I

¿Vos no sentís que toda esta entrega tiene algo que ver con el amor, Cecilia? Yo sí. Es más, estoy convencido. No estaría aquí, aguantándome estos dolores terribles, la sangre empapando la venda que le pusieron a esta herida que no me curan. Creo que ya son seis días desde que me echaron preso aquí, en este cuarto. Si a estas cuatro paredes de mierda donde no puedo ni moverme se le puede llamar cuarto, casa, sitio, lugar. La sangre no para. En poco tiempo no va a quedar nada de mí. Dirás cielo, papaturro, tigüilote. Mirarás árboles, Cecilia, pero yo ya no voy a estar. Y señalarás la montaña mirándome en ella aunque la muy jodida no se acuerde de quien soy, cuántas veces caminé por sus abras, faldeé su tierra, besando con el pecho sus guatalitos, descachimbándome en sus quebradas la muy desgraciada. Ahí anda el Álvaro, le descerrajarás a tu hijo escupiéndole en plena cara esa verdad como diciéndole por eso es tu padre. ¿Podés imaginarte siquiera, que no me vas a ver ya más? ¿Qué al mismo monte le importa una mierda dónde estoy? Sabés que no soy pesimista, que pienso todo esto porque este dolor me tiene jodido. Nada más. Un tipo pasa todos los días golpeando la madera de esta celda; después del susto pasa un pocillo con agua y un plato con arroz. Esto ha de ser temprano porque el sol se filtra por las rendijas. Otro soldado repite la operación en las noches. Sé que es otro porque no le pega a las paredes. Nadie viene a mirar lo de las heridas. Fue un rozón de bala que rebotó en una piedra y me vino a dar en la rodilla; por más que le hice no podía ni arrastrarme. Ordené retirada; llevaba el centro y me quedé por completo solo, descubierto. Debemos de estar a pocos kilómetros de la frontera. Estos hijueputas me van a matar poco a poquito. Hasta que llore, hasta que grite, hasta que no pueda más y empiece a pedir ayuda, comience a cantar las posiciones y los cuarteles; hasta que de puro estar aquí, sin que me hagan nada, empiece a ser uno de ellos, hasta que traicione de dolor, de rabia, de impotencia. Tengo que aguantarles. Va a ser más que difícil. De lo que más he sufrido siempre es de la angustia de no contener el dolor físico. Cuando subí a la montaña, en el setenta y cinco, soporté por puro güevón. Me decía, mierda Álvaro ya estás acá y no podés defraudar a los compañeros que te mandaron, tenés que ser fuerte. Me volví trompudo de puro morderme los labios de dolor. Seis meses duré en ese infierno. Salí todo lleno de llagas, de ampollas; picado de tanto mosquito: siglos enteros de mosquitos, había montones. Fue muy duro todo eso. Había que resistirlo. Veía a los demás poniendo todo de su parte y no podía yo rajarme al último momento con algo como mirá compa, yo me regreso a la ciudad, al trabajo político, al escritorio, pues. Porque nadie puede decir que pintar consignas, andar en las manifestaciones y en los paros es acción; para quien ha vivido la montaña lo otro es juego de chavalos, pendejadas, vamos. Recuerdo que una vez, casi unos días luego de que había subido a la montaña, me dejan solo en el campamento mientras se van a un combate con la guardia. Y bueno, ahí me tenés, con todas mi lecturas, con todos los folletos aprendidos, hasta con una barbita como el Che; pero resulta que vos no sos el Che y que además no sabés nada. Era un frío jodido, Cecilia. Oscurísimo. Yo no veía. Un silencio de miedo, podías oírte respirar, oías tus latidos y el menor ruido era toda una canción. ¿Te imaginás? Lo más indefenso que pueda estar un indefenso. Si uno ya conoce el monte es otra cosa. Uno pela las chibolas así de grandes y empieza a saber guiarse entre la oscuridad, a distinguir un sonido de otro, a caminar sin hacer bulla, en cuclillas, moviendo con la mano izquierda las hojas, y avanzando, hasta no haber repetido la operación no avanzás; el pie derecho lo ponés en el hoyo que ya hiciste con el pie izquierdo. Y lo llegás a hacer rápido. La montaña te enseña a ser cauteloso, a no descuidarte, y de pronto te das cuenta que tenés ojos en la nuca y como veinte orejas que todo lo escuchan. Nada ni nadie te sorprende. A no ser que antes ya te cagués, o que la muerte te esté esperando. Yo corrí con mucha suerte. Estas montañas me conocen bien. Saben quién soy y hasta con quién pienso, porque me sorprendían todas las noches en mi hamaca soñando con vos. Y tu rostro me decía, Álvaro, tenés un pasado, una historia, tenés a Cecilia. No creás que fueron pocas las veces en que dije hasta aquí llego yo, y algo me hacía seguir. Algo me decía, vos no vas a regresar con la Cecilia a decirle que ya no podés. Ella también sufre, también trabaja. Hasta anda, de clandestina la pobre, pasando informaciones de un lado a otro. Y ella sabe que vos estás aquí soñando en un hombre nuevo en el que ella también piensa y no jodás, defraudarla de ese modo, tan fácil. Ya acabó, Cecilia. No, eso no podía ser. Entonces en el monte empezás a ser ese hombre nuevo; cuando la soledad te pone tieso salvás el amor y que no se descachimbe como vos. Que esté limpiecito siempre. Vos no sabés lo enorme que fuiste para mí, Cecilia, eras ojos, y oído y fortaleza. Equilibrio para decirlo rápido. La primera vez que me hirieron no aguantaba el dolor. Era aquí, en el hombro. Con poquito que me moviera sentía que iba a morirme ahí mismo. Y pensaba. Decía que sufríamos en sitios diferentes, Cecilia; lejos. Y no nos escribíamos; quien iba a pensar en eso. Y a veces, para romper ese vacío me imaginaba que hablábamos, y que me contabas todo lo que te estaba pasando y oías todo lo que me estaba sucediendo. Y no había ninguna distancia. Hasta que pensaba que no era cierto y que vos te encontrabas mal, extrañándome, igual que mi cuerpo difuminándose en el recuerdo tuyo. Y entonces prefería recordarte como te dejé: alegre, risueña, siempre chileando con los compas, lanzándome una miradita desde tu asiento en alguna reunión de estudio, hasta en media manifestación; volteaba y ahí estaban tus ojotes mirándome con dulzura. Me acababas, nada más. Y así te aparecías en el monte, a media noche, cuando no podíamos usar cobijas por si se ordenaba defenderse ahí mismo y no perder el equipo. Así, exactamente. Lindísima la Cecilia. Y el Gordo Valdivia me decía, "¿pensás en ella, Álvaro?", (nunca pudimos usar nuestros seudónimos entre nosotros) y yo empezaba a confiarle todo. Era un gran amigo el Gordo; nunca podré olvidar cuando me salvó la vida en Chinandega. Lástima que luego... En fin. Ah, te estaba contando todo esto para explicarte lo de mi debilidad ante el dolor físico. Un no lo resisto. Y se te pone la mente en blanco del hijueputa dolor que tenés. Y luego ya no lo sentís en la pierna o en el brazo o en dónde esté, sino en la cabeza. Son unas punzadas de mierda. Las venitas en las sienes saltan como cherepos y no paran. No quieren estarse quietas. Y todo el cuerpo ya no lo sentís, ya no podés pensar en otra cosa que el dolor. Y la tristeza es ya insoportable. Como ahora mismo con esta venda y esta sangre, y nadie que venga a ver qué le pasa a la herida. Sí, me tienen jodido. Traspasa, lastima, punza. Te juro que no puedo más Cecilia. ¿Dónde estaré? Me trajeron de noche, medio inconsciente. Sé que pasamos a Honduras porque oí que se lo decían en sus pláticas, llévense al campamento al muy perro. Luego ya no supe más. Perdí la razón. Hace tres días que repiten la operación del arroz, por eso creo que ya he de tener como una semana aquí. No oigo voces de gringos ni algo por el estilo. Sólo maniobras militares, entrenamientos, ejercicios. Gritos. Los tratan como animales. Al suelo, arrástrense, arriba, las piernas abiertas. Gritos constantes. Y en las noches se oyen a lo lejos música y risas. Esas risas son peor que el dolor. No las aguanto. Me llegan hasta adentro del oído, se me meten muy hondo. Duran muchas horas. Me tienen desturcado. No sé cuántos días más dure vivo. Me siento débil, ni siquiera con ganas de medio moverme. Me van a salir llagas de tanto estar acostado, pero no tengo fuerza para cambiar de posición. Ahí está el hombre del pocillo y el arroz. Ya es de noche. Hace frío, aunque no mucho. Tomo un poco de agua y el arroz que está saladísimo. Pero si no lo como nunca me voy a reponer. Lo hacen a propósito los hijueputas. Quieren que me muera de sed, saben que hasta mañana no tendré agua y esperan que grite pidiéndola, que me acobarde y empiece a debilitar la conciencia. Están locos los muy jodidos si creen que eso va a ser posible. Ya lo pasé otras veces. Ya eso no me mueve. Antes de la montaña la Guardia me apresó junto con otros tres dirigentes estudiantiles. Empezaron por colgarme de los dedos de los pies. No pasó nada. Me pegaban y tampoco. La piel toda chimada del cuero con que te pegan. Roja. Tampoco hablé. Me dijeron que tenían ya mi casa rodeada y que habían matado a mi padre, que si no hablaba iban a seguirse. Nunca dije ni media palabra. Y cuando los compañeros nos liberan de pura suerte, salgo y me encuentro con que es cierto, con que los muy perros mataron al viejo y a mis dos hermanitos, chavalitos los dos, entonces sí que me lleva la gran puta de arrecho. De dolor. Y no podía ir a ver a mi mama. Cómo, si a cada rato rondaban la casa y asustaban a todos. No podía siquiera volver a Granada, si ya todos me conocían, y alguno iba a decir, ahí viene el Álvaro, y al rato aparecía la Guardia. Cualquiera me hubiera dicho que lo dejara, que nunca íbamos a salir de Somoza, que iban a matar también a mi mama. El Gordo Valdivia me decía que no era revolucionario, que continuaba en el Frente por puro coraje. Era más que coraje, porque además ya estudiábamos, éramos conscientes de las opciones políticas por las que luchábamos. Y también era coraje, terquedad, ajuste de cuentas. Así que es difícil que con una sed me venzan. Aunque no aguanto el dolor, la angustia que provoca el no poder hacer nada para remediarlo. Ya empezó la música. Al rato las carcajadas insoportables. Por eso te digo que la revolución es una cuestión de amor, Cecilia. Si te ponés a ver cómo ha sido posible resistir seis años de guerra, cómo es que el pueblo aguanta. Y no hay casi nada. La gente no come bien siquiera, pero se sostiene moralmente. Y no bastan todos los millones para derrotarnos, ni todas las armas siquiera. Hace falta tener la razón. Por eso la entrega es total, por eso es una cuestión de amor, por eso no conoce límites. Se trata de algo muy profundo, algo que no nos quitan. Tiene que ver con la historia. ¿No creés que venía siendo un asunto de dignidad? Defenderse hasta con los dientes y seguir adelante. Construirnos, renovarnos. Eso sí que no nos han dejado. Hemos tenido que apostarlo todo a sobrevivir primero y luego a crecer. Otra vez defenderse. ¿Recordás cuando vos me susurrabas al oído, entre besos, que también parecía que la agresión era un asunto histórico y yo te decía que no, que no podía ser así, sin encontrar argumentos? Si nos dejan en paz, entonces si probablemente podamos saber quiénes somos al fin. Como en una canción mexicana, ¿te acordás? *Si nos dejan, hacemos de las nubes terciopelo...* Me he quedado un rato —otra vez como media hora—, con la mente en blanco. Sintiendo cómo corre mi sangre, creyendo que toda se me va por la rodilla. Tiene que cerrar esta mierda. No pido más. Lo otro ya veré como me las arreglo, pero por ahora parece que con lo único que voy a conformarme es con esta mierda. No hay salida. Si supiera dónde estoy, cuántos soldados hay, cómo me encuentro, si no se me nublara la vista con cada movimiento. ¡Qué forma de marearse! Ah, a ver, sí, parece que estoy mejor. ¿Cuánto más voy a soportar esto? ¿Cuánto más, Cecilia, vos lo sabés acaso? Ya empiezan las risas. Ahora no van a parar. Son estridentes, agudas. Imagino que llenas de cususa, de droga, de exceso, de absurdo. Todo en la contra es en exceso, aun sus objetivos. ¿Dónde, en qué lugar de mi cerebro encontrar un consuelo? ¡Mierda, ya lo tengo! Estos hijueputas saben que estoy por morir y por eso me consienten. Mirá que es mucho el arrocito y el agua. Todo es claro, cuando me vean mejor empezarán los interrogatorios, la paliza, el deterioro moral. Además es fácil vencer, aún estando repuesto seguiría débil. Me tienen jodido, de veras. Este encierro lo pone a uno filosófico, sabés. Y hay un desfile de recuerdos que amortiguan el golpe. Y un montón de consuelos. Como antes, cuando pensaba qué importa que me mate la Guardia si ya he hecho lo que me tocaba. Ya está encendida la mecha, hay gente, hay ya toda una organización de compañeros. Así ahora, igual viene el consuelo de que la contra no nos vencerá, y si yo muero qué; eso no cambia nada. ¿O sí? La noche también me rodea, me impide. El caso es resistir. ¿Sabés otra cosa? Estoy convencido que en cada uno de nosotros hay dos hombres, uno que es el de siempre, cotidiano, normal, débil, con su rostro de todos los días y otro el de los casos especiales, el que afila las uñas, el fuerte, el Andrés Castro. El tamaño de un hombre se mide por su valor. Por la lealtad. Creo que esto último también es otro consuelo, ¿no? Oíme Cecilia, ¿vos creés que los consuelos son válidos o que soy un cipote desamparado? Lo único que faltaba... Hace un momento oigo pasos, de un hombre pesado, sin duda; se acerca, rodea, se oye un cierre que baja y luego un líquido que corre y se golpea contra la madera. ¡Está orinando aquí el jodido! Y el tufo a berrinche es molesto, penetrante: otro dolor más. Y las risas, las punzadas y el olor se incrustan, hasta adentrito. Uno no puede sacarlas, es imposible, como si quisiera no tener estómago. Nomás no se puede. Un odio, un enturcamiento todito, un vapor que corre por mis venas. No voy a dejar que todo termine así, me voy a levantar, me voy a reponer y les voy a dar la batalla de una vez a estos hijueputas. Estaré jodido si no puedo. Me voy a parar en treinta con este dolor hasta que se me olvide por completo. Alguien decía que el dolor está en el cerebro y yo mismo te venía contando, Cecilia, que llega un momento en que no sentís la pierna sino las venas saltando en la cabeza. Es cuestión de concentrarse, de creer que no hay dolor. Otra vez viene a la mente la montaña. Ahí, las primeras caminatas, todos chimados, con hilitos de sangre en las manos, sudorosos, llenos de lodo de tanto descachimbarse por el monte, uno resistía. El Gordo Valdivia repetía, "hombre si no es por convicciones ya nos hubiéramos rajado." Y claro. Todo estaba en la mente, era como si una voz te repitiera: "Vos estás aquí para esto, no podés estar en otro lado porque no te corresponde." Y te tragabas los gritos, te tragabas las lágrimas. Cómo no va uno a poder contra el dolor si pudo contra la soledad que es el peor de los dolores mentales; el preguntarse qué estará haciendo la Cecilia, estará bien, algún guardia no me la habrá desgraciado, me recordará, se morirá de amor por mí, o ya todo habrá acabado. Esas preguntitas te mantenían tan alerta como el peligro del monte. Estabas chiva con todo eso. Este dolor te asfixia, te ciega. Tengo que poder, por qué no voy a resistir. Estoy tan débil que mi mente también se acobarda. Después de tantos años en la lucha, tengo miedo. El miedo que no tuve con la Guardia, en las manifestaciones, en la montaña, en el combate. Un pánico que hiela la sangre y que a lo mejor es más que el dolor físico. No puedo volverme un cobarde ahora, cuando más me necesito. Y me digo los nombres de nuestras calles, y del parque que fue nuestro y de la banca del cine que se lanzó de cerquita todo nuestro amor. Me acuerdo de todo eso desesperadamente. No puedo ni moverme y me duele. No sé qué pensar y me duele. ¿Dónde estoy? ¿Dónde estás vos, mi amor? ¿Dónde estás, Cecilia?

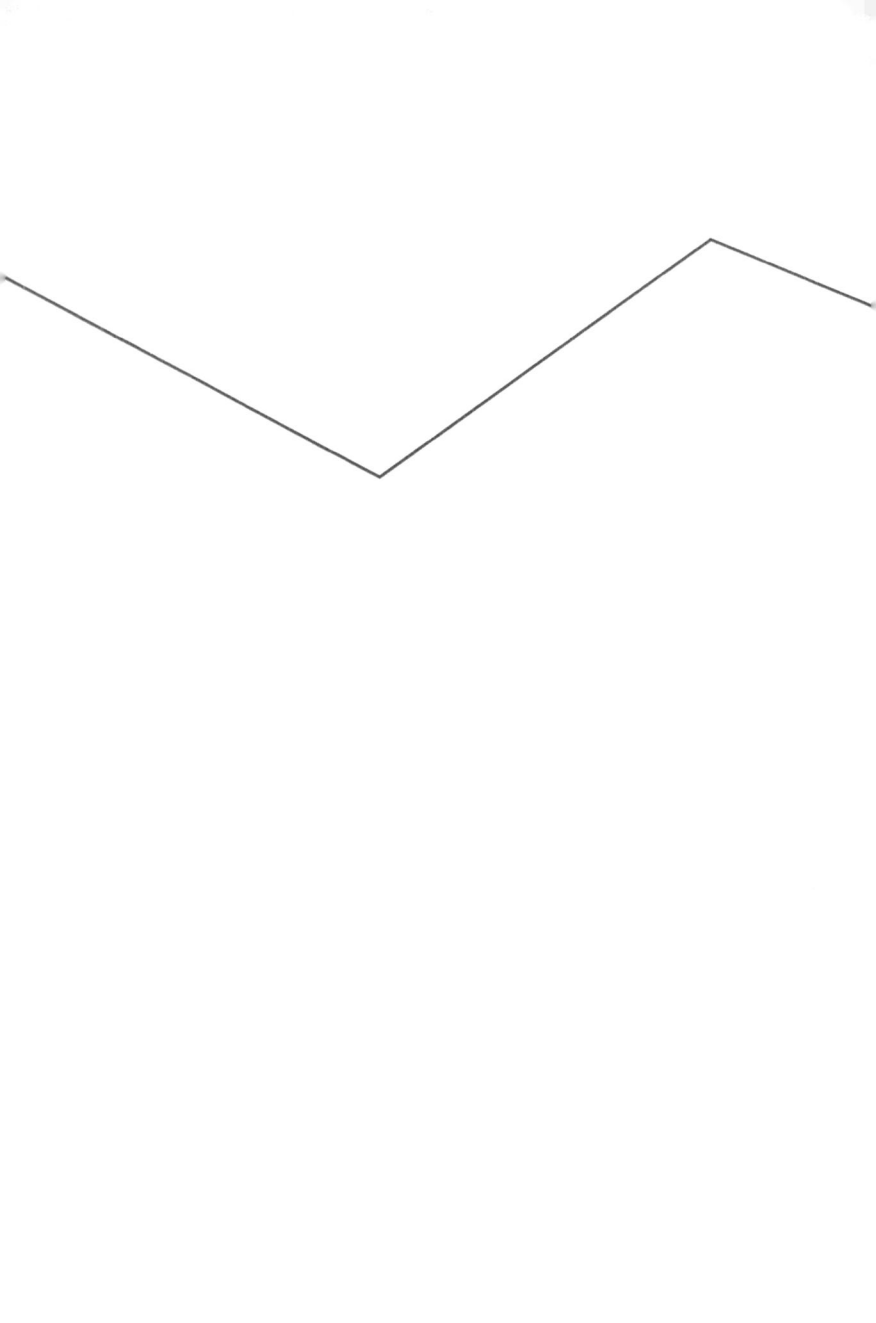

II

Me quedé dormido, concediéndole una tregua al pensamiento. Conjurando los demonios de la mente. Ha pasado mucho tiempo, o al menos así parece. Están el pocillo y el arroz ahí juntos. No me di cuenta cuando lo trajeron. Me duele menos la pierna, aunque tal vez ya no la siento porque está podrida, seca, sin sangre. No. Las vendas siguen anegadas, rojas, medio caídas por el peso del líquido viscoso de la herida. Si sigo pensando en eso voy a acabar loco. Tengo que andar al suave. Calmarme. Hace un calor de mierda. Uno siente como las ropas se pegan al cuerpo, como corren hilitos de sudor en las axilas, como el pelo ya está tieso. Unos puntos de agua en la nariz y la frente; me los limpio con el puño de la camisa. Con el poco sol que se cuela no puedo saber si mi uniforme sigue siendo verde olivo, o si ya es rojo. Sólo veo que me han quitado las armas, la cantimplora, el cinturón. Todo. Me registraron completito. Tengo comezón en la piel de la cara y si me toco siento unos pelitos miedosos. Me ha salido poca barba, por eso también calculo que son pocos días. Menos que seis, seguro. Me acomodo, pegando la espalda a la pared y sentándome. El arroz está menos salado. Es una lindura esta agua, fresquecita. Si digo que hace calor no reflejo lo que de verdad quiero decir: es insoportable, sentir todo el cuerpo como que tenés hojas de chichicaste en todo el cuerpo. No se soporta. Y uno empieza a recordar, Cecilia, no hay más en que ocupar el cerebro. Y vienen a la memoria los paisajes: preciosos, nítidos. Granada. La imagen del Gran Lago de Nicaragua, quieto; puta parece un desierto de tan calmado, lisito. La Lagartera, la Cigüeña, la Carlota, Solentiname: islas casi rasas, niveladas. El vapor yendo del río al Lago. Los viajes, una tarde ya vencida por la oscuridad. Y vos, Cecilia. Los amigos, la lucha, la escuela donde me bachilleré. Dos boletos del cine cuando fuimos juntos por primera vez. Puras incoherencias. Imágenes que saltan, sin ton ni son. Vienen y van, como el canto de los tincos por la mañana. El olor de alguna flor. Mirá que me pongo romántico cuando estoy débil. La amistad. Ese sí que es un recuerdo imborrable, porque en el fondo el amigo es un compañero, en el amor y la guerra; está a nuestro lado cuando explorás el amor y lo descubrís tan difícil y lindo, pero también en la soledad, cuando a fuerza de lágrimas conquistás un silencio muy tuyo. El amigo es un cómplice, un alcahuete que nos ayuda a alcanzar nuestras cosas; aprendemos a sobrevivir gracias a él. Y nos reprende de vez en

22

cuando. Disfrutamos juntos, porque siempre significa una nueva acción, algo que hacer. Y lo digo, porque encontrando al amigo hallamos el mundo; le damos sentido. Recuerdo los rostros de esos mis amigos, ahora casi todos muertos. Quedan unos cuantos con los que seguís en aventura, en exploración, buscándole los cinco pies al gato, vamos. Y es que uno se topa con el amigo, ese ser extraño del que sólo encontrás dos o tres especies, y encontrás a otro que es uno mismo, ¿me entendés? Descubrís que hay más gente, que son distintos a vos, que están solos como vos y optás por el riesgo: entregándote. ¡La misma revolución no sería revolución sin la amistad! ¿No sería un lugar imposible? Marx le escribe a Engels: "Tú sabes cuan lento soy para aprender las cosas y cómo sigo siempre tus huellas". El primero era el sistemático y el otro el intuitivo, sin embargo, el segundo era el discípulo y el primero el maestro, la amistad espiritual de ambos les hacían conocerse, impulsarse a la búsqueda de cada uno que a veces era la de los dos. Creo haber encontrado eso mismo en el Gordo Valdivia antes de... Para qué recordarlo si después el muy hijueputa tenía que acabar así, pero el caso es que en ese entonces era algo muy especial. Juntos empezamos la labor estudiantil; no dormíamos pintando consignas, diseñando estrategias, pues. Y luego en la montaña también compartimos todas las experiencias. Desde la llegada, aunque él se quedó tres meses más. Nos sentíamos juntos en todas las actividades. Lloramos abrazados; él por la Lilia y yo por vos, por tu carita de conejo que estaba tan allá, tan imposible, vamos. Él era el intuitivo, el de las ideas. Y me decía, "óyeme Álvaro, dejá de estar ahí encerrado leyendo, vamos a hacer labor política, vamos a los barrios". Y ahí me tenías a mí, dándole a la sugerencia, poniéndola en práctica. Muchas veces me he dicho que sin mí el Gordo Valdivia nunca hubiera progresado. Le faltaba sangre, coraje. Empezaba a pensar y su cerebro era un motorcito imparable, pero para llevar todo eso a la realidad necesitaba alguien como yo. Un apasionado, digamos. A mi quizás también lo que me faltaba era un compa lleno de ocurrencias, un Gordo Valdivia, pues. Recuerdo cuando le dije, "Gordo, ¿de verdad pensás que vamos a triunfar?, ¿qué no es en balde todo esto?, ¿qué las muertes van a ayudar?" "Mirá Álvaro, vamos a triunfar y no nos queda más que repetir lo de Sandino: si no lo vemos, las hormiguitas irán a contárnoslo bajo la tierra". ¡Qué fe la del Gordo en ese entonces! Le daban ganas a uno de salirse a la calle y gritar hasta quedarse sin voz, gritar que se muriera Somoza, que los guardias eran unos cochones, hijueputas. Entonces vino la montaña, esa experiencia en donde madurás mucho, te cambia todito. Como si volvieras a nacer, como si el monte pariera un nuevo Álvaro, que sería todo firmeza. Creo que después de estar en la montaña ya nunca dudé que íbamos a ganar. Era algo muy hondo, una seguridad como la que sentís cuando una mujer te quiere y vos sentís que ella también está loca porque le digás que te morís por sus ojos y estás segurito de que aquello que le decís ella también lo siente. Hasta que todo resulta como si hubiera estado planeado. Ese presentimiento es el mismo cuando vos sabés que no falta nada, que vas a ganar. Y eso aprendí en la montaña: a estar seguro. Aunque esa invulnerabilidad ya la vas notando desde el círculo de estudios, desde la amistad con el Gordo que está muy convencido. Y le decís, "compa esto va bien, esta revolución ya cuajó". ¡Qué la vida es búfala! Como si te reconciliaras con el mundo. Y sabés que no es nada fácil, que va a costar todavía mucha sangre. Pero vas por los cachimberos y le decís al monte que está jodido si cree que va a vencerte. Hasta que llega la noche. El frío. La posibilidad de la muerte. Porque esa es otra cosa, siempre pensás que en cualquier momento van a matarte y ni siquiera podrás contarle a tu hijo cómo fue todo. Y cuando te matan al compañero, al que apenas ayer platicó con vos y te dijo, "compa cuándo triunfemos, voy a llevar a mi familia a la Bahía de Bluefields, al mar, compa, para que la gocen tuani". Y ahora, como si nada está muerto sin nada de olas ni de mar ni de nada. Y pensás que es injusto que la mujer de ese compañero y sus chavalos nunca volverán a verlo; y pensás que es injusto porque puede ser que mañana vos caigás y no volvás a ver al Ernesto, tu hijo, que dejaste de unos meses, y no regresés con la Cecilia a darle besos, a llorar en su ombligo, a cantar con sus pechos entre tus manos, jugando a alborotarle los cabellos dorados como el lago, dorados de sol. Y no poder sentir que su piel se hace canela en tu lengua. Y llorás, Cecilia, llorás mucho. Por el compa que te mataron, y por ti mismo, y por vos allá tan fuera del alcance de mis caricias. Entonces qué te queda sino refugiarte con los amigos, correr con el Gordo que es el único que entiende y decirle todo es una mierda, ¿nunca vamos a ganar?, queda oír sus palabras como susurros, su respiración agitada parando las palabras a la mitad como si estuviera en la escuela separando en sílabas el jodido. Sí. Y le hacés caso, y recomponés tu ropa, y apartás la nostalgia como si fuera un moco molesto y nada más. Es una nostalgia encachimbada. Porque el Gordo tenía varias virtudes: abierto, divertido, lleno de vida, fresco. Y siempre que le agradecías te contestaba, "no importa hermano, no es nada". ¡Cómo si no importara que gracias a él seguías luchando! Esta soledad me mata, Cecilia. Ya vuelven las punzadas del dolor en la rodilla. Tengo que afrontarlo, carearme con él, gritarle al muy hijueputa que no le tengo miedo, que no me hace el menor daño, que soy más fuerte que él. Hace calor, mirá que hace calor. ¿Y si de pronto me sacan de aquí y empiezan a golpearme? ¿Si empiezo a hablar de puro miedo? Sería horrible, sentirse traicionero como uno de ellos. La lealtad a prueba de cualquier sufrimiento, la amistad que sigue durando, la entrega incondicional se va a pique, como un avión derribado, una ilusión fracasada. Estoy hasta el tronco de estar en este lugar tan pequeño, no puedo ni moverme. Y otra vez asalta la historia, la verdad que uno trae dentro. Como cuando regreso de la montaña, hecho mierda porque no quería volver y vos me decís que no sabés más si me querés, que me encontrás distinto, alejado. Tremendo turcazo en el alma, como para volverlo loco a uno, ¿no? Y yo me quedé perplejo, inusual, atolondrado, pues. ¿Qué iba a ser entonces de nosotros, del niño?, que tenía unas ganas de darte un beso desde que te vi y vos con ese argumento y yo sin saber si debía darte el jodido beso o quedarme ahí paradito como si no me recibieran en mi propia casa. Y bueno, te recomponés por dentro el esqueleto y pensás, esto no puede resultar tan fácil. Porque la verdad es que insistí mucho para darte la lata, Cecilia. No te me ibas a ir así nomás. Y dale que de tanto rumiar mis ideas ahí tieso sin moverme y vos parada frente a mí y el niño gateando y yo sin poder decirle tampoco nada; ahí entre mis manos casi él y vos. Ah, pero te digo, de tanto recomponer las piezas del jueguito que me armaste doy en el clavo y te digo, "¡ideay, Cecilia!, si vos no sabés nada, si no me seguís queriendo, si no estás segura, pues vamos a vivir otro ratito juntos a ver si decís que te pasa". Y luego, teatral que soy, tomé tu nuca entre mis manos y así agarradita te di un beso largo, búfalo. Y tu saliva me decía que todo se estaba reconquistando. Y ya después fue imposible detener los corazones. "No tengás miedo", te dije, "aquí está tu Álvaro, que es tuyo, Cecilia". Y la ropa voló como esas palomas que se asustan cuando los chavalos les tiran piedras para matarlas, y de pronto estábamos los dos en el cuarto, con el niño durmiendo por ahí. Y todo tu cuerpo en el mío. ¿Sabés lo que son esos meses solo, rodeado de monte todo el jodido día? Sudé mi piel con la tuya, buscando ese territorio secreto

27

que tiene tu cuerpo, ese montecito que tan bien conozco, y soy feliz. ¡Está linda la Cecilia!, me iba repitiendo con tu rostro como única consigna, con tus ojos diciéndome todo. ¿Vos recordás las caras de ambos? ¿Qué cosa? No puedo describirlas bien. Era simplemente bello, vamos. Tu sonrisa única, los pómulos ahí despiertos coqueteándome, ¿O no? Y entonces cuando dejamos de jugar con el reencuentro y vos te pusiste seria. "Mirá Álvaro, que me cuesta trabajo. No es sencillo que después de todo este tiempo regresés y pensés encontrarme igual, como si la soledad no jodiera, ¿me entendés? Y llegás y tu mujercita es la misma, esperándote con ansia. No, Álvaro, el ansia ya me la comí hace tiempo. Y vos vas a volver a irte". "Y sí, Cecilia, mi trabajo con el Frente lo exige. No podés hacer la revolución y además soñar con que nada perturbe tu vida familiar. Entendé que yo te amo, y que no te estoy sacrificando, que sos parte de mi vida, que necesitamos los dos del triunfo y estaremos juntos todo el tiempo". Parecía que vos entendías y que tu rostro se ponía menos duro. Es que la soledad mata, Cecilia. Te entiendo. Uno se va volviendo seco, parco. Hablás lo justo. No sonreís. En la montaña sonreís pocas veces. Y cuando te das cuenta de que el rostro está rígido y arrugado como iguana, que tenés el ceño ya fruncido para siempre de tanto estar alerta, que los ojos parecen orientales, semicerrados de tanto ocuparse en ver más allá, que sos un hombre de montaña, rústico. Que no podés casi comer con cubiertos y escondés la mano, avergonzado. Y pensaba en vos. En que no te importaba que fuera un hombre de deber, que luchara contra la dictadura, que fuera valiente, porque aunque vos estabas en lo mismo, creías en lo mismo, también te encontrabas sola y no te importaba mi coraje en el combate. Te importaban mis brazos sosteniéndote. Y yo lo sabía allá arriba. Estaba seguro porque yo también necesitaba de tus manos para apoyarme. ¿Vos sabés qué imprescindible era por eso tu recuerdo? Pero yo no te estaba contando todo esto de mi regreso de la montaña; lo sabés de sobra, yo te decía eso como ejemplo. ¿De qué? Ah sí, de que me dejaste helado, confuso. Y solucionás el asunto porque asalta la historia, el pasado, lo que sos. Y por eso estar aquí, casi encerrado, inmóvil, te regresa al lugar del que sos. Ideológicamente, claro. Y bueno, tus convicciones políticas te dicen que aguantés, que vas a salir de esta, que resistás como siempre lo has hecho, porque tenés la razón, vos buscás al hombre nuevo, al hombre libre que no dejan que uno sea. Y la tozudez revolucionaria que te han inculcado te impide bajar la guardia. Estás alerta, pendiente. Nuevo. Eso es otra de las cosas que te enseña la amistad, el saber que muchos amigos cambian con el tiempo, porque vos cambiás con ellos. Madurás, pues. Y que cada nueva entrega, cada nuevo compañero te hace otro, colabora con vos para que vos mejorés todos los días. Y el recuerdo no te aísla, sabés que tus amigos te siguen, que no los has perdido, que te ayudan a seguir firme en tus convicciones. Por eso cuando nos reencontramos con un amigo, incluso después de mucho tiempo, parece

29

ser como si lo hubiéramos dejado un minuto antes, como si él te hubiera dicho, mirá Álvaro vengo dentro de unas horas y seguís la plática con naturalidad. Y aunque hayamos cambiado, aunque quizás los argumentos de nuestras vidas sean otros, seguimos pensando que no ha pasado nada, buscamos como que el tiempo no hubiera pasado. Y si vos te encontrás a un pariente y le preguntás por su esposa, y por lo que ha hecho la semana pasada no tiene nada de especial, ni es raro que a un conocido al que no le tenés mucho cariño ni confianza le digás qué ha hecho, y te cuente sus pedacitos de historia, como si sólo pudiera existir para ti por los sucesos concretos por los que haya pasado. Pero si te encontrás a un amigo, a alguien que de veras es tu compañero, con el que compartís todo, ese rito es innecesario. Platicás de lo que estás haciendo ahora, como si nada, ni tiempo, ni amores, ni dolor, ni noches, hubieran transcurrido desde la última vez que lo viste. Quizá a lo mejor te diga, "¡ideay, cuánto tiempo!", o acaso, "¿te encontrás bien, Álvaro?" Pero nunca te pedirá que le contés con lujo de detalles qué ha pasado. La historia, lo de antes, acaso fluirá a su debido tiempo, como un riachuelo que no tiene obstáculos. Como la revolución, porque en la amistad también están dadas las condiciones para la historia. ¿Estás de acuerdo, Cecilia? Los amigos se encuentran y cada cual sigue su trayectoria, no necesitan juntarse, aunque se acompañen en la búsqueda personal, en el porqué de cada uno. Aunque se ayuden mucho. Y si el amigo cuenta es porque está pensando en voz alta; el otro tiene que orillarse a su mente y escucharlo como si él lo estuviera diciendo. Por eso, bueno, uno cree que encontrarse con un amigo va a ser búfalo. Que todo va a ser una confusión de abrazos, y que los ojos pelados de asombro brillarán de alegría. Uno cree que todo es igual, que el tiempo no ha pasado, vamos. Y qué diferente puede ser la realidad. Cecilia, qué dura, también. Sobre todo si te encontrás con ese amigo y resulta que el tiempo pasó, que ya nada se dicen el uno al otro. Que no hay alegría ni los ojos brillan, ni existen abrazos. Que esos amigos se miran como gualdrapas. Que no fluye nada. Eso sí que me tiene jodido. Y más, Cecilia, porque hoy vi al hombre que trae el arroz y el agua en la tarde. Se asomó el muy mierda para decirme, "tenemos que hablar pronto, Álvaro". Y miro al Gordo Valdivia. Igual que siempre y distinto. "Aquí yo soy el Comandante, Álvaro". "Vos sos mi prisionero". No quiero escucharlo, no deseo creer en lo que me dice el hijueputa. Ya sólo oigo la puerta cerrarse y la oscuridad me cobija. Mirá que esto es increíble, Cecilia. ¿Por qué tenía que pasarme a mí? ¿De qué sirve el recuerdo? ¿No te decía que de pronto la historia ataca, y llegan con ella tu pasado, tu verdad, lo que sos? Las amistades. Entonces yo ya no tengo pasado. Entonces sí que me duele y es mucho peor que la rodilla. Es un malestar inaguantable. Mirá, mirá Cecilia. ¿Dónde está el Álvaro? Ahora sí que estoy seguro de que vos no me verás más. Soy su prisionero, ya lo escuchaste. Él manda, él decide si muero o no. ¿Dependo de él, de su odio, de su traición? Es que de verdad no puedo creerlo. Sabía que el Gordo estaba en la contra pero nunca imaginaba que esto iba a sucederme algún día, que yo pude estar en la otra posición y él pudo ser mi prisionero y yo decidir si vivía o no y en qué condiciones iba a hacerlo sufrir. Así de sencillo. Y de terrible. ¿Quién de los dos está en desventaja?

III

Nada de Valdivia. No ha vuelto. Prefiero no pensar en él, aunque es casi imposible. ¿En qué podés pensar enchiquerado, solo, con la única distracción del rostro del Gordo entre tus cejas, jodiéndolo todo? Decime una cosa, Cecilia, ¿si uno ha apostado todo en la vida pensando que tiene la razón, si además ha tenido algunos compañeros que te impulsaban siempre, entonces qué es lo que pasa en uno cuando todo se acaba? No es oscuro, ni triste. Es el dolor rotundo, Cecilia, el dolor que te ha colonizado cada espacio del alma. Algo se te descompone para siempre y no hay refacciones ni nada que te ayude a seguir. Te has estropeado, vamos. No tenés compostura. Cuando vas en la montaña, seguís al faro que te lleva por la vereda indicada, que cuida sus pasos; casi no ves y sin embargo al oír sus pasos podés continuar pisándole la espalda. Es imposible perder el rumbo. Sin embargo, si por un descuido, algo así como que volteás a ver a tus compañeros y cuando ves ya el faro te dejó atrás, entonces sí que te perdés y lo más seguro es que no encontrés el camino hasta que amanece. ¿Dónde perdí mi faro? ¿Cuándo va a amanecer? No sé cómo la memoria lo traiciona a uno. Cuando la masacre de Condega, creo que el dos de mayo del setenta y ocho, el Gordo Valdivia y yo estábamos cerquita, de clandestinos en Yalagüina. La voz corrió como pólvora encendida. Un reguero de sangre perpetrada por somocistas paramilitares que mantenían a todo Condega en un estado de terror. Toda la gente hablaba del balazo en el pómulo a uno de los niños, un chavalo nada más. Me cuesta tanto olvidar las palabras de Valdivia aunque quiero poner todo mi empeño. Oigo claro que me dice, "compa, cuando triunfemos va a haber demasiado coraje reprimido. La gente va a dar balazos en los pómulos como quien reparte pan. Vos debés estar alerta, porque hay muchos afectados y entonces va a empezar la contrarrevolución. Va a ser imposible detenerla, va a ocurrir como la historia de Condega. ¿Creés que muchos usurpadores, cuando vean que la revolución no los deja hacer se van a quedar así nomás los muy jodidos? Esperá a que alguien los manipule, los convenza, les hable bonito. Esa lucha va a ser más ardua, Álvaro, oíme bien". Es como si estuviera oyéndolo, como si Valdivia estuviera aquí mismo, afinando su guitarra y cantando esas tristes composiciones que siempre le gustaron. Sus boleros inseparables. No necesito ir al cielo, la gloria eres tú... ¡Qué presente lo tengo! Y yo no le creía, vamos, es que uno piensa en el triunfo, en que sin Somoza ya todo va a ser diferente, no te imaginás todo lo que viene después, no sopesás siquiera que el compromiso revolucionario es una pendejada comparado con el de dirigir un pueblo. Uno sabía cómo tenía que ser el cambio, qué sociedad queríamos, pero nunca lo difícil que iba a resultar. Ahora ya estoy convencido de que no te dejan hacer lo que planeás; empieza a llegar el bloqueo, no aparece la solidaridad por ningún lado. Lo que empieza a fluir es la agresión, los golpes bajos de todos lados. Y no sabés qué flanco cuidar. Toda revolución para existir, para poder hacerse, pues, necesita oposición. En todo proceso revolucionario existe una contrarrevolución, un grupo descontento, privilegiado por el anterior régimen y que no desea perder sus prebendas. Las condiciones deberían permitir que el combate fuera de ideas, pero los grupos interesados presionan, regalan armas, apoyan de forma económica, dispuestos a sacar algún beneficio. Y en este momento las palabras del Gordo son tan reveladoras, tan insistentes, tan filosas. ¿Las recordarás, Cecilia? ¿Qué razones ocultas —porque tiene que tenerlas— lo han llevado a este desturcamiento de sus ideales, a esta ofuscación de sus razones? Algo muy profundo tiene que moverlo. ¿Qué será? Nadie cambia sus verdades así nomás. ¿Qué le habrán dicho al jodido? No sé. Algo muy grande, monumental. Me lo imagino gritándole a todos estos aprendices, muchos de ellos reclutados por la fuerza, otros con grandes sobornos, algunos convencidos. Era un gran maestro a finales de los setenta. Era muy comprensivo, paternal. Pero rígido. ¡Cómo lo seguían todos! ¡Qué personalidad la del Gordo! Chele, ojos azulísimos, como de un metro ochenta de estatura. Robusto. ¿Qué estará pensando él? ¿Cuál será la tortura, o su íntima rebelión contra lo que nos está pasando en este momento a los dos?, aunque cada uno por separado. Y pensar que los compas de puro chilear nomás nos decían los novios. Sí. Éramos inseparables el Gordo y yo. Estoy seguro que él tampoco está nada tranquilo. La estamos pasando mal. No me gustaría estar en su pellejo. No sabría qué hacer. Y en este instante no se trata de lo que uno y otro podemos hacer, sino de lo que podemos pensar. Cuando después de septiembre del setenta y ocho, sin armas casi, empezaron las insurrecciones en Monimbó, Matagalpa, Estelí; cuando empiezan los asaltos sorpresivos y aislados a los cuarteles de policía, Valdivia, me comenta todas sus ideas. Platicamos largo esas noches. Era lindo. Le inyectaba fuerzas a uno, ¿sabés? El jodido me decía, "hermano, es imposible que nos derroten. ¿Conocés cuántos años llevamos alzados? ¿Cuántas bajas nos han hecho los guardias? ¿Cuántos quedamos? No sabemos, claro, y sin embargo sabés que tenemos superioridad moral. No, Álvaro, a mí ya nadie me quita el triunfo." Y en esos días me entra una depresión muy fuerte y los ideales se me ponen por los suelos. No tenía ninguna seguridad. No sé cómo pasé esos momentos y sigo vivo. Tocaba la muerte con las veinte uñas; la veía todos los días, casi conversaba con ella, Cecilia. Y cuando estás cerca de la muerte, cuando llevás ya varios años codeándote con ella y burlándote de su fuerza, cuando la has visto posarse en los ojos de tus compañeros; de cientos, tantos que no podés contarlos, entonces creés que la muerte nunca te va a llegar, que te pela los dientes la jodida, y sin embargo no se atreve a tocarte. Pero hay momentos en que te sentís miserable y no podés siquiera levantarte de la hamaca. Entonces sí que temés la muerte. Entonces sí que la ves cercana. Y no te gusta. No te gusta nada. ¿Por qué? Creo que porque en ese momento valorás la vida y le tomás cariño. Y entonces lo apostás todo por la vida, porque te das cuenta de que luchaste todos esos años porque amás a la vida, a lo que podés hacer con ella; porque gozás cada invierno cuando el monte se pone verdecito y las vacas dan cachimbo de leche de lo bien que comen las jodidas. Porque creés en lo que te mueve y estás convencido de que tu combate no es en vano. Sos un constructor de vida. Y amás a la Cecilia. Y amás la vida con ella. ¡Puta, entonces sí que es un escalofrío la muerte! Y la sentís cercana, rodeándote, enseñándote los dientes. Y le gritás que te deje, que no joda. Pero no parás de verla cerquita de vos. Y salís a caminar. Y corrés. Y llorás. Nada te salva de su presencia. El Gordo me decía que me estaba volviendo loco y que me hacía falta una mujer. Vos llegabas en esos días a Estelí llevando algunas cartas y documentos. Nos encontramos esa tarde –no recuerdo el día– opaca y gris de octubre. Hicimos el amor como dos adolescentes rabiosos, urgidos. El cansancio nos dejó parados en medio del lago de nuestras angustias. Y hablamos varias horas. Nos contamos cosas lindas y cosas tristes y lloramos por nuestros muertos –tu padre y un hermano mío– que acababan de dejarnos hasta sentirnos indefensos, y sin embargo protegidos por el abrazo. Creo que nunca me ha sido tan duro despedirme de vos como aquel día. Lloramos juntos. Nos consolamos y compartimos nuestras esperanzas, que también eran muchas. Regresé a Yalagüina en la madrugada. Era como si hubiera revivido. No volví a pensar en la muerte. No me volví acordar de esas locuras y nunca sentí su presencia de nuevo. No parecía que estábamos separados. Al contrario, te me habías quedado dentro. Cada parte de tu mapa que mis manos habían reconocido. Lo tenía todo. Hasta la certeza del triunfo. ¡Cómo tenía razón en algunas cosas Valdivia!, ¡qué intuición! Hace unas horas que no se oye ni una voz. Nada de movimientos, ni ruidos. No ha de haber nadie. Quizá algunos guardias y los demás estén en algún asalto. Sembrando el terror, la desesperación, el caos. Intento incorporarme para ver la puerta y ver qué tantas posibilidades de salir tengo. Imposible siquiera levantarme. Estoy muy débil aún. Hoy no hubo arroz. Sólo maíz reventado y agua. Tengo hambre, aunque he aprendido a dominarla. Ahora me quieren rendir con hambre. *¡Qué se rinda tu madre!* El poeta con su consigna nos mostró el camino. Yo todavía tengo fuerza para rato, Valdivia. ¡Qué silencio! Había días, sobre todo en Granada, cuando estaba estudiando, que buscaba salirme de la multitud, corría para estar solo, por encontrar el silencio. Y cuando sólo oía pájaros y ruiditos empezaba a sentirme feliz, lejano, fuera del mundo, ese que tanto dolor y asco me causaba. Y ahora, en este instante, qué no daría por una voz. ¡Un ruido para distraerme! Me angustio. Ya no tengo nada de agua en el pocillo y una sed terrible. Ayer pensé en ir guardando el agua y aprovecharla todo el resto del tiempo, pero no me acordé. Me tienen jodido. Ahora sí no sé cuánto más pueda aguantar, Cecilia. Intento pensar en vos para no acordarme de Valdivia, y él vuelve su rostro y sus ojitos viéndome desde la puerta y diciéndome que pronto vamos a hablar. ¿Qué me querrá decir? ¿Quiere mortificarme? Qué, además del dolor, de la soledad, quiere torturarme desde el pensamiento. Después de todo es él el comandante de toda esta mierda. Uno nunca sabe por qué hacen los demás las cosas, sólo entendés el efecto que causó cada suceso en vos. La trascendencia que tiene para el pequeño universo que sos. Lo demás no parece importar. Así que quién sabe por qué el Gordo vino a verme. Quizá sólo por estar un rato conmigo, por mirar cómo me encuentro. No se sabe. Sólo es cierto que su visita me tiene jodido, Cecilia. ¿Vos crcés que el amor lo puede todo? Si es así mandame algo del tuyo para ver si resisto. Hace unos minutos no pude más y empecé a gritar de dolor. La rodilla casi ha parado de sangrar, pero igual me causa unos dolores horribles, como si la apretaran toda con un tornillo para soldar. Y siento que los huesitos suben y bajan, divirtiéndose. Ya casi no me queda nada. Ni fuerzas. Un poco de conciencia y de ideas. Algo de inteligencia que me permite decirme que es momentáneo, que la presión y la debilidad me hacen pensar así porque no tengo de dónde agarrarme, sólo de tu recuerdo, amor. ¿Recordás cuando vos veniste con que estabas embarazada y yo no supe qué decir? "Bueno, me vas a contar qué te parece, ¿no?", fue tu pregunta después de mi cara de perplejidad. Y luego sin decirte nada aún pero compartiendo tu sentir te tomé de la cintura, alzándote todita y dándole vueltas a tu cuerpo mientras decías, "ya, no seás bruto, sabés que siempre me ha encachimbado que me carguen. Pará Álvaro". Y es que yo me decía, un niño, yo voy a ser padre de un niño. ¡Mierda, no podía ser cierto! "¿Cómo se va a llamar?", te dije. "Y si es niña...", decías, pero yo necio, "no, Cecilia, va a ser un niño". Bueno, si es niño que se llame Ernesto y si es niña que se llame Blanca. "¿Ernesto por el Che, Cecilia?" "No, por mi papa..." Y luego mi risa, "mirá que no acordarme que así se llamaba tu papa". ¡Cómo nos besamos ese día, amorcito! Yo quería que el niño naciera ahí mismo. Y cuando subí a la montaña lo que más me dolió fue dejarte sola con el niño. Solita, qué va hacer mi Cecilia. Y luego cuando me dicen en la montaña que ya tengo un hijo, que llegó la noticia quién sabe cómo; puta, esa noche tampoco pude dormir pensando en vos y en el chavalo. Y después de todo esto, ahora, si vuelvo, ¿me estarás esperando, Cecilia? ¿Tu corazón seguirá siendo mío después de tanto tiempo? O como dicen los *miskitos*, nuestros corazones serán *kupi-kumi*, un sólo corazón, pues. ¿Verdad que sí? ¿Seguís pensando en Álvaro, no es cierto?

IV

Otro día más. El dolor y la angustia no me abandonan. Gerardo Valdivia, el Gordo jodido, no aparece en ningún lado. Me han traído maíz tronado y agua, pero el que lo hace no se identifica en ningún momento. Siguen desfilando los recuerdos uno tras otro. Todos dicen que la foto de Pastora, con el fusil en la mano, su boina de guerrilla y su estrella, subiendo la escalinata del avión que lo conduciría a Panamá después de la toma del Palacio y de la liberación de los presos políticos, fue una foto que dio la vuelta al mundo. El compa era querido, vamos. Y luego él solo va desgastando su imagen, va perdiéndose en la vanidad. Y Pastora desaparece, cagándose en todo lo que fue. Entonces empieza el odio, el dolor de la gente que se siente traicionada. Esa misma gente se sentiría así si el Gordo hubiera sido más importante, más público, pues. Yo me siento defraudado. A mí sí me ha traicionado el hijueputa. Para mí era importante. Por eso cuando supe que estaba en la contrarrevolución, luché con más fuerzas. Íbamos a darles cada vergazo a los jodidos. No nos iba a temblar el fusil nunca. *¡Patria libre o morir!* Porque ninguno puede decirse revolucionario y reunirse con opositores, para platicar con ellos, cuando esos oponentes se valen de las armas y el dinero y el terror. Ahí no cabe conciliación, no vale la rigidez del combate y el perdón de la victoria. Ahí uno se enfrenta sólo con un fusil. Es nuestro enemigo. Sandino decía: "Que en esta lucha los vacilantes y los traidores se iban a ir quedando". ¿Qué esperás entonces de un hombre así, Cecilia? Que te mate, que no tenga piedad de ti, que te haga sufrir. Vino un soldado que me revisó la herida, me lavó, me limpió el jodido, me puso una inyección de quién sabe qué y luego coció la herida. Un trabajo lindo, sin dolor casi. Luego me puso unas vendas nuevas y me ofreció una toalla mojada para limpiarme la cara. Era un niño casi. Le pregunté de dónde era, si había estudiado Medicina. Primero serio, luego pensé que iba a cambiar pero sólo fue para decirme, "mirá, si no fuera por el comandante no hubiera venido a curarte. Vos no sos más que mierda". Y cerró la puerta. Así que el Gordo manda al doctor para que me cure. ¿Por qué? ¿Es lástima? ¿Para retardar la muerte? ¿Para hacerme sentir más inferior el muy jodido? ¡Cómo saber que resorte mueve sus ideas! ¡En qué piensa el desgraciado!, ¡tendrá remordimiento al tenerme aquí encerrado! ¿Cómo y para qué saberlo?, si voy a morir igual. ¿Cuántos días me quedarán? ¿Habrá alguna forma de escapar? El Gordo no puede dejarme ir, lo matarían los cabrones de sus superiores. Mirá que tener a un comandante sandinista prisionero y dejarlo ir. ¿Qué estará sucediendo en su cerebro? Cuando me pongo a pensar en vos, empiezo a sentir el amor. Lo que transmite. Y asocio algunas cosas en mi interior. Recompongo mis ideas sobre vos. Me hacés falta, Cecilia. Y no es tu cuerpo, hecho de combate y furia, ni tus manos acalambradas por la tortura, ni tu cara de conejo risueño y despierto, ni tus ojos de silencio y de nube, ni tu voz de paloma. Delgadísima. Ni tu voz que comparabas con la mía diciendo que la tuya era fina y la mía de guardabarranco. "Tenés una voz espantosa, Álvaro", me decías. Y luego tu risa coronando la frase. Pero te insisto, no es tu voz. Y tus pensamientos, bien compartimentados, sólo tuyos. No es siquiera ni tus piernas largas y hermosas.

Me hacés falta porque son estos brazos tercos que te quieren abrazar. Estos brazos necios que no soportan tu ausencia. Qué voy a hacerle. Es todo. Es cada noche cerca de tu cintura. Vos sos el monte. El sol. Y quizá no vuelva a verte. Pero mirá, Cecilia, oíme bien. Vos recordás ese último beso antes de salir para la guerra. Estoy seguro que tenés presente que yo te dije guardalo bien, que no se te olvide que te quiero. Así que cuando estés sola, cuando me recordés, pensá que valgo sólo por ese beso. No pensés en lo que tuve que resistir aquí. No pensés en mí, porque vos sufrirás también. Sólo guardá ese beso. Y amá. No te quedés sola. Acordate del Álvaro de pronto y pensá que él te quiso con toda su alma, que siempre de los siempres estaba con vos. No andés creyendo otras cosas. Lo único cierto es eso. Intentá ser feliz, mi muchachita. Mirá que te lo estoy pidiendo. No sé por qué me vienen estos turcazos de melancolía, y a la vez de fatalidad. Me siento derrotado y aún no lo estoy. Aún queda ponerse frente a frente. Aún está por verse de quiénes son la razón y las convicciones. ¿Recordás el desfile del primer aniversario? Los dos estábamos ahí, confundidos entre toda la gente y vos me decías que era preferible ser un revolucionario anónimo. Que así nadie te exigía nada y se acababan tus responsabilidades. Yo era capitán y te dije que no pensaba renunciar a la revolución, que todavía quedaba mucho por hacer, pero que estaba de acuerdo contigo en que era mejor ser un revolucionario anónimo. Aunque el que se exige es uno mismo. ¿Qué es el compromiso, Cecilia? Yo lo veo como la coherencia. Sí, mirá qué bonito salió. El compromiso es la coherencia; es decir que los ideales y lo que hacés por esos ideales van parejos, de la mano. Cuando vos andás pregonando esto y aquello, y creés quizá sin decirlo en tal o cual mierda, y de pronto resulta que vos no actuás de esa forma y traicionás esa creencia o ese ideal, entonces vos te jodés y desaparece el compromiso. Así que si vos me ves en pie, aún luchando, es porque creo y actúo de igual modo. Mirá qué es fácil andarse dando golpes de pecho y patear a tu hermano, o andar recitando el Manifiesto comunista y tener una mansión. Eso sí que no, Cecilia. Además de que el revolucionario es un hombre austero, humilde. En la montaña se te acaba la vanidad.

¿Para qué querés todo eso si sos un mono, como decía Pastora? Y sos un mono en apariencia porque en verdad sos un hombre nuevo. Están más serios tus ideales, más afianzados tus sueños de un país mejor. Pero eso del revolucionario anónimo sí que me gustó Cecilia. Y me gustó porque así como soy el revolucionario casi anónimo también soy tu amor bastante conocido. Vos me conocés. Vos entendés por qué actúo de la forma en que lo hago y estás de acuerdo. Me apoyás. Y por eso seguimos juntos, aunque estemos tan lejos. No sabés, de veras cómo me hacés falta. En el desfile, Ernesto estaba en mis hombros, viéndolo todo desde arriba y señalaba a los comandantes que pasaban en los yips. Los reconocía a cada uno por su nombre y les hablaba como si los conociera de toda la vida. Ahí va Tomás, papá. Y uno decía, llamalo comandante, Ernesto. Y más que yo admiro mucho a Borge. Es un símbolo mío. A él también lo quieren todos. Y algunos le temen. Una personalidad búfala la de ese compañero. Mirá que impone y te quedás sin poder decirle nada. Hasta que él te contesta, "compa, necesito tu opinión", y vos empezás a sacar un sonido quedo, inaudible. ¡Puta qué tipo más mortal! Y luego, de regreso, le iba explicando a Ernesto todo. Tenía cuatro años el cipote y yo ahí hablándole de la acumulación originaria, y el imperialismo. Ahora el muchacho tiene doce. ¿Doce? Sí, porque en el primer aniversario tenía cinco y no cuatro. Ha de estar guapo el Ernesto. Está convencido de su patria y de su revolución. Y vos, Cecilia, cómo te conmovés cuando se pone a hablar de historia y vos aprendés con su forma de hablar. Va a ser un revolucionario de primera. Y va a recordar a su padre bien. Va a saber por qué morí, en dónde. Y cuando la contra de risa de tan lejana y ridícula la jodida, mi hijo les dirá lo que costó que todos estuvieran risueños. La sangre que costó devolverle a Nicaragua su sonrisa. Porque nos reímos lindo cuando podemos. Es una risa franca, abierta, colmada. Y Ernesto les dirá con su pelo chuzo y su nariz recta como la de Cecilia, que no es fácil estar alegres, que el revolucionario debe ser agradecido. Generoso, digo yo. ¿O no? Y debe agradecer también lo que soportaron otros. ¿Quién recordará las atroces torturas de los guardias? ¿El dolor de los golpes y el reflector y los especialistas norteamericanos, expertos en guerras no convencionales, diciéndoles a los guardias dónde duele más, de qué manera lo rinden a uno más fácil? Y la tina repleta de mierda y uno saliendo y entrando de ella aplastado por la culata del rifle de algún guardia. Y luego los golpes. Uno tras otro, debilitando la conciencia. Y el aislamiento en una celda como esta, sin luz, en silencio. El sol es una mentira y de día y de noche todo es igual. Oscuro. Negro. Los colores no existen. Poco aire. El necesario. ¿Qué hay después de esta oscuridad? ¿Del dolor? Hoy todo el día se la pasaron baleando los muy hijueputas. Todo el día los fusiles descargando, yo qué sé si entrenando o qué. Pero eso lo pone a uno mal. Siembra terror la ráfaga que hace cada bala. Y son cientos. Miles. Te destrozan el cerebro. Los nervios. Y casi no se puede dormir. Y dan ganas de orinar y uno orina nomás, así poniéndose de lado. El olor sigue siendo infernal. Y nadie se da cuenta, ni cuando traen el pocillo. Ni el doctor que no ha vuelto a ver cómo sigo. Bastante tengo con que me haya curado el vende patria. Y cuando vos te acostumbrás a la oscuridad, Cecilia; cuando empezás a tomarle aprecio a la jodida, captás cuánto es mejor tenerla, porque los minutos son más cortos y las horas son menos. Hoy lo más molesto han sido los mosquitos, porque los muy mierdas no paran de zumbar. Uno tras otro, insoportables. Y uno se siente miserable, desolado. ¡Qué día! Y la soledad es peor que el agua helada o el cateto ese que te metían los guardias. Ese revolcarse desnudo no se compara con el deterioro moral, con la humillación de estar aquí, carajo. ¡Virgen María!, ahora sólo me han traído el pocillo. Nada de comer. ¡Qué babosadas piensa uno cuando está solo y tiene hambre y no hay nadie que lo consuele. Y el recuerdo sirve para poco. Y pensar sirve para poco, y recordar las grandes frases de los revolucionarios tampoco es bueno. ¡Mierda que me tienen jodido! Cuando el Gordo me llame a hablar, me va a tener débil, fácil. Y si me vence, Cecilia. Vos sabés que es imposible, ¿verdad?, que a mí no me derrotan tan fácilmente. Ya son muchos años. Muchas cosas que han sucedido. Y lo más profundo, lo mejor que tenés, eso sigue quieto, inamovible. Tus ideales no los toca ningún hijueputa, ningún traidor. Porque además esos ideales te han costado sangre, sudor, soledad, y descuidar a tu familia. Y miles de angustias. Algunas pequeñitas, pero otras grandes e imposibles. Y vos vas viendo que como un vapor del Gran Lago, así vas sorteando obstáculos. Y seguís. Así que ningún campamento mierda me va a vencer. Te aseguro Cecilia que si vos estás enamorada no dejás por nada que maltraten tu amor, así que por eso a mí nadie me maltrata a Nicaragua. Ya va para largo el día en que decidí entregarle todo mi amor. Bueno, para no ser tan drástico, pues: todo el amor que no te profeso a ti, mi Cecilia, mi bandera, mi motor. ¿Sabés una cosa? Me gustaría que estuviéramos haciendo el amor. Y me gustaría decirte todo esto bajito, para que nadie lo oyera, para que no se te olvidara nunca. Para que algún día se lo digás al Ernesto y él ame a una mujer tanto como yo te amé a vos. ¿Me prometés decírselo? Y pasa un rato largo desde que te lo pregunté y no hay respuesta porque no estás aquí y yo estoy soñando que hablo con vos, que sos vos la que oís todo lo que pienso, la que poco a poco va reconstruyendo estos días difíciles mientras lo escucha. Pero me equivoco, y vos sos una mujer lindísima, sin embargo lejana como ahora, no tiene nada que ver con un hombre miserable, indefenso, casi tirado en el piso, conviviendo con su mierda y con un pocillo abollado. ¿O tenés que ver conmigo? ¿Querés esta basura?

De nuevo el silencio. La oscuridad. Hoy hubo arroz, frijoles y el pocillo de agua. Generosidad insospechada. Prefiguradora. ¿De qué? De la imposibilidad. De la noche eterna que ilumina mis párpados. Cuando el Frente triunfó nos dimos cuenta que empezaba el periodo más difícil.

La tarea primordial era la reconstrucción de Nicaragua. No sólo a nivel económico, aceptando créditos de donde vinieran, moviéndose cautelosamente en el terreno internacional, sino creando un nuevo Estado. Y la más dura prueba, se pensó, era el trabajo organizado de las masas. Y un trabajo que tuviera en cuenta los intereses colectivos para que los resultados de esos esfuerzos recayeran en la propiedad estatal y no en la privada, porque ese sacrificio de las masas iba a repercutir en mejoras inmediatas, dos temas eran claves: abastecimiento y vivienda, y una Reforma Agraria que no descuidara el desarrollo de la industria. Comités. Sindicatos. Cooperativas. Es decir, grupos de la población que hagan posible una estructura democrática. Ligar el ejército a la causa —y eso es porque en los últimos días de la dictadura el pueblo ya contaba con más de cincuenta mil armas— a esos movimientos populares de masas. Y ya todos hablaban del deseo, en medio del fervor por reconstruir su patria. Del deseo de proteger nuestros logros. Se empezaba a sentir que esta fuerza iba a tratar de impedir la afirmación del gobierno sandinista; primero intentando mantener la economía dentro de los marcos de la propiedad privada y el mercado capitalista; el segundo es la presión norteamericana para el condicionamiento de los créditos internacionales. Y la tercera línea, la más peligrosa, sembrar el terror y la desesperación. Para preparar un aparato militar fuerte que debilite la moral y la conciencia, era la revolución armada vista en peligro por la contrarrevolución armada. Nada en el terreno de las ideas,

51

donde con la creación de una central única de trabajadores, con un partido sandinista y con el respeto y libertad de funcionamiento de los demás partidos que lucharon contra la dictadura, iba a crear un ambiente democrático que la presión y la peor forma del terror armado, se encargarían a la larga de destruir. En esos primeros días el Gordo Valdivia hablaba de la unidad del movimiento sandinista, de que esta no debía excluir el debate y la discusión de diferentes posiciones o propuestas frente a los problemas de la revolución, siempre que esta diversidad tuviera los mismos objetivos. Y cuando esto empieza a lograrse y las masas se organizan, permitiendo que el debate sea público él se aparta. ¿Por qué? Nada hay más estéril para la vida revolucionaria que el creer que se es dueño de la verdad. La hostilidad de la contra no es más que una prueba de eso. Cecilia, si vos me estuvieras oyendo de verdad y pudiéramos discutir esto, ahora que empiezo a ponerme político, que la soledad me está volviendo no sé por qué, tan práctico, estarías de acuerdo en que es incomprensible la capitulación del Gordo, cuando se iniciaba el debate y la confrontación que él pedía. Unidad. ¿Cuántas veces repitió esa palabra, el jodido? Y luego, dónde quedó su espíritu de unión, dónde su capacidad de diálogo, de conciliación. Radicalizó su espíritu, sus acciones concretas. ¿Y ahora? ¿Dónde están las mismas fuerzas que lo impulsaron a combatir? No sé, pero a mí me es difícil aceptar este tipo de situaciones, Cecilia. ¿Vos qué pensás? ¿Pensás que yo no sé lo que digo? Porque yo sí, lo más natural era que estuviera hablando de que hoy, junto con la comida, hace como dos horas, vino el Gordo Valdivia y estuvo platicando un rato conmigo. Un rato largo, vamos. Y yo pensaba, bueno pues parece que en algunas cosas el Gordo es él mismo. Me preguntó por vos, Cecilia. Por Ernesto, por la Tere que es la única que queda viva de mis hermanos. Y luego, como crispado por las lágrimas, te lo juro, empezó a hablarme de esto. De lo que lo tiene aquí. Vos sabés que el Gordo no es nada sentimental, pero el jodido estaba mal, se le notaba, vamos. Y yo empiezo a recriminarle todo lo que han hecho, todo lo que no le perdono, sin dejarle hablar, sin querer oírlo. Y luego toco lo que estaba platicando con vos, acerca de la reconstrucción y la solidaridad del triunfo. Y se lo gritaba, no le dejaba espacio entre mis frases para que él se detuviera ahí. "Sé que me estás citando, Álvaro, que mucho de eso yo lo dije". Y luego me dejó seguir hablando. Sólo pronunció dos o tres cosas que ya he oído demasiado para que me cambien, que si la revolución se traicionó, que éramos igual de autoritarios que la dictadura, que no había libertad, tantas frases hechas, Cecilia. Cuando terminó le dije que sus fuerzas patrocinadas no nos permitían hacer todo lo que él reprochaba. Él también lo sabe, estoy seguro, pero no puede decirlo. Él está con ellos. Es un enemigo. No puede de buenas a primeras venir a aceptar los postulados contra los que está luchando. Su amistad, creo, le impidió seguir hablando. Pero, mierda, ¿cuál amistad? ¿Queda algo que nos una? ¿Permanece aunque sea una pequeña identificación? No creo. Cerró la puerta y oí como sus pasos pesados se alejaban poco a poco. ¿Cómo estará el Gordo? ¿Qué pensará? No sé. Creo que no lo conmovió todo lo que le dije, todo lo que le grité ahí en su cara para que se avergonzara de su actitud. No. Lo que lo conmovió únicamente fue el hecho de tener al que fue su mejor amigo, encerrado en una celda de mierda, con hambre, con frío, con todas sus excreciones ahí, enterradas tan cerca de él que no tiene más remedio que olerlas todo el día. Por lo demás, hasta su rostro ha cambiado. Como si los aires marciales ya se los hubiera tomado muy en serio. Demasiado. Antes decía que para militares ya había tenido bastante, que tan sólo era mientras triunfábamos, que luego regresaría a acabar arquitectura y a dedicarse a la vida civil, colaborando con la reconstrucción. ¿Y ahora? ¿Qué reconstruye? La muerte de sus ideales le permiten volver a edificar el terror, el absurdo, la muerte. Y yo estoy aquí, encerrado, sin poder hacer nada. Han pasado dos horas, creo, desde que el Gordo se fue, y durante todo este tiempo yo he intentado pensar en otra cosa, distraerme, no contemplar su rostro triste, compungido, ofuscado. Y yo hubiera querido verle culpa en el rostro. No. No era la culpa lo que lo confundía, era sólo la amistad rota y él teniendo que ejecutar las órdenes que vinieran contra mí, contra el que fue su mejor amigo. Era sólo eso. Dolor, quizá. No quiero seguir viendo entre mis cejas sus ojos azulísimos. No deseo recordar la profundidad de su mirada. Quiero quedarme solo, Cecilia, sin recuerdos, sin torturas. Solo. Completamente solo. No deseo ni el recuerdo tuyo. Porque también tortura, también duele. No tenerte. ¿Me notás extraño, Cecilia? No es para menos. Yo me siento raro, diferente. Esa entrevista con Valdivia me dejó peor que nunca. Primero no pude hacerlo sentir culpable, él tampoco pudo chantajearme. Éramos dos desconocidos por completo. Nada de amigos ni mucho menos. No debo alterarme. Al Gordo nunca le gustó mi romanticismo. A veces me reprochaba que fuera tan intelectual, tan libresco. Y él me decía, "no leás, Álvaro, vamos a los barrios a convencer a más compañeros para que se unan a la lucha". Y yo, cedía. ¿Será que él creía realmente que el trabajo político era importante? Sí, creo que sí, sobre todo porque era una acción disimulada de estudio, al revés. Y entonces nos hablaba de Lenin y decía que desde que el socialismo era ciencia debía tratársele así: estudiándolo con el pueblo. Y entonces partíamos con nuestros folletos bajo el brazo. Dispuestos a cambiarlo todo. "El resorte de la revolución deberá ser la fuerza", decía el Gordo. Por eso no me explico que intentara convencerme ahora de sus nuevas actitudes. No tenía para qué hacerlo, me conoce de sobra, el jodido. ¿Era por justificarse? ¿Pensaba encontrar eco acaso? No sé. Vienen y asaltan y secuestran el cerebro miles de preguntas pero no puedo darles una respuesta satisfactoria, uno nunca sabe por qué los demás hacen las cosas, aunque cada gesto oculte una razón, sin embargo sí es capaz de entender el efecto que esas acciones concretas causaron en uno. Y ahora, sumido en el caos, en la confusión, estoy destrozado. Cecilia, vos entendés, ¿verdad? ¿Me seguís queriendo a pesar de mis dudas? Y empieza a desfilar la teoría, aunque la revolución yo la viví, yo la padecí, asaltan los pensamientos, las frases que uno oyó y no ha vuelto a repetir quizás, los textos que leyó. Y concluyo, Cecilia, que sin teoría revolucionaria no hay práctica revolucionaria, pero que sin un cuerpo político tampoco hay brazo armado y por eso uno de los papeles más difíciles de las revoluciones es componer la relación entre los hombres armados, justamente como elementos militares y la organización armada espontánea que es la población. Combinar la propia composición orgánica de las masas con un aparato político coherente con la correlación de fuerzas. Y, Cecilia, ¿vos captás por qué asaltan todos estos pensamientos?, ¿por qué confunden todas estas cosas, por qué la soledad es tan terrible? Vos entendés que la teoría al menos abre otra ventana en estas paredes húmedas de madera. Y dejás de acordarte del calor, y olvidás que te rodea tu propia mierda, y pasás por alto los mosquitos, y la herida cerrando. Los puntos comiéndose o tal vez desapareciendo bajo la piel. No lo sé, no he movido la venda. Y se impone el descanso, Cecilia. La tranquilidad. El reposo del pensamiento. No tiene caso. Y disculpá lo de que tampoco deseaba tu recuerdo, pero es que tortura el saber que quizá no vuelva a verte y que todo esto es inevitable. Por eso recordar puede ser tan duro. Y llegás de nuevo a mi cuerpo, aparecés como por arte de magia, lindísima la Cecilia. Y de una vez empezás a besarme. A darme besitos por todos lados. Y algunos me dan cosquillas y empiezo a reírme con tu carita de conejo ahí resbalando por mi piel. Y me decís, adelante, Álvaro, seguí, vos podés. Nunca te han derrotado. La lucha sigue. Aquí te esperamos con gusto, para que volvás diciendo: "Pude contra esos hijueputas". Nosotros creemos en la solidaridad tuya de siempre, Álvaro. Y tu nariz, pequeñita, me hace cosquillas en el ombligo, jugás con mis vellos, alborotándolos. Y me pellizcás los brazos, riéndote, traviesa. Y yo te sigo el juego, Cecilia, persigo tus cabellos y enredo a propósito mis manos, para que me cueste trabajo sacarlas y me quede más tiempo prendido a vos. Y tu cuello largo y suave es búfalo y mis manos bajan, lo rodean, se lo comen casi. Y el amor lo dice todo. Y los cuerpos lo hablan todo. Y ya no es necesario que vengan las palabras porque tus uñas enterrándose en mi espalda son todo, y tus caderas resbalando por las mías lo platican de sobra. Y tus ojos, ¡puta, qué ojazos los tuyos, Cecilia!, se acercan a los míos, como bromeando. Y ahí cerquita tus ojos son como todo el universo, como la Vía Láctea: me contienen, me aprisionan, me cercan y me dejan libre para que con esa libertad yo vuelva a tus ojos. Vos no sabés todo lo que son tus ojos. Y lo malo, Cecilia, es que no es cierto. Que estoy solo. Solísimo. Y me toco y ya no soy. Me muevo y quizá tampoco es mi cuerpo el que se mueve. Me ignoro. No existo. ¿Estoy despierto? ¿Estoy vivo? Y todo ha cambiado, Cecilia. Todo es nunca. Todo es jamás. Todo es imposible. Lo único real es la soledad. Y el encierro, quizás donde la soledad es más letal. No existe el mundo, ni existís vos, ni el Ernesto, ni el Gordo Valdivia, ni el Frente, ni mi patria, ni el suelo, ni el agua, ni las nubes. Sólo existe la soledad. Una soledad oscura. Horrible. Enorme como un vapor en el Gran Lago. Enorme como el mar que se extiende, amplísimo. No hay luz. Lo único que existe afuera es el sonido de las botas y los cuerpos entrenando. Y una voz que no pronuncia bien el español. Un gringo. Lo sé porque hace un rato Valdivia se los presentó a los soldados como el asesor norteamericano que colaboraría con ellos en el entrenamiento. No se escuchaba muy bien, pero pude oír Fort Braggs, experto en cinco artes marciales, conocedor de la guerra no convencional, veterano de Vietnam, boina verde. Pude oír que tiene cuarenta y seis años y pude escuchar que es experto en muerte, veterano del terror. Es un absurdo. Y me imaginé al hombre. Chele. Alto. Robusto. Orgulloso de las heridas de la guerra. Me imaginé al hombre y pensé en los asesores de Somoza, en la infinita estupidez de aliarse contra sus propios enemigos. Pensé en la falta de memoria histórica. Y me vino a la mente la tortura de los guardias. El dolor. Y uno de valiente aguantándolo todo. Porque lo más terrible de la tortura no es la humillación, ni el dolor. Es la brutalidad. Y por eso, Cecilia, pienso en vos, para no oír la voz del asesor, para no imaginarme los movimientos de los soldados, para no pensar en el adiestramiento psicológico, en la tortura de las conciencias de cada uno de esos chavalos. Vencidos. Y me imagino mejor la casa en Granada, con su jardincito y sus flores. Y me imagino el cielo y el mar, y el agua del Gran Lago. Y me imagino que las familias no están desunidas por la guerra, que los padres pueden ver a sus hijos, que las madres no tienen que dejarlos en lugares extraños, que hay comida suficiente, que todos, todos, están contentos. Imagino tu cara. Y voy inventándole a tu rostro los ojos que quiero, y las arruguitas que deseo, y el pequeño lunar que se me ocurre, y la boca linda y chiquita que imagino, y el mentón que más me gusta. Cuando termino de imaginarte y veo que tu rostro es más cierto que la oscuridad y que el dolor, descubro milagrosamente que todo lo que imaginé de vos coincide de forma exacta con la realidad. Y luego imagino tu cintura, y mis manos van subiendo hasta apoderarse de tus pechos, y suben más hasta que tocan los hombros y se deslizan veloces por los brazos y vuelven a la cintura y rodean los muslos y descansan ahí, y rozan con ternura la maravilla de tu humedad. Y vos me repetís muy calladito: "Te quiero, Álvaro". Hasta que ya todo es cierto y aunque la felicidad con letras grandes no existe uno busca encontrarla en momentos así; uno siente que la felicidad con letras chicas ya es suya. Y vos me lo decís: "Álvaro, qué feliz soy con vos". Y entonces nosotros ahí trenzados. Pensando en lo mismo, creyendo en lo mismo, luchando por lo mismo. Toda la fuerza de tu cuerpo contra el mío, ahí, en ese instante tomo tu rostro entre mis manos y lo contemplo, sabiendo que sos hermosa. Y empiezo a llorar, primero muy bajito y luego ya berreando como ternero tierno, sin poder contener el llanto. Llorando por el Ernesto y por vos. Llorando por mí, Cecilia. Y de repente, de un turcazo se corta la imaginación, y regresa la soledad, y vuelvo a comprender que todo ese llanto es porque el Gordo, antes de cerrar la puerta me dijo que lo sentía, que no podía hacer nada por mí. ¿Lo ves, Cecilia? ¿Comprendés todo? Es nítido y claro el dolor, y la esperanza, Cecilia, se vuelve inalcanzable. Granada. El Colegio Francés. La calle Real Xalteva. La Plaza de la Independencia. La iglesia que en otro tiempo incendió William Walker, el famoso filibustero. Todo se vuelve lejano. Me viene a la memoria el día en que se declaró victoria contra la ignorancia el veintidós de agosto de 1980. ¿Sí? ¡Puta, que concentración! En toda la historia de Granada nunca había sido reunida tanta gente. Y luego el himno del Frente, la alegría, los conjuntos. El año de la alfabetización. En cambio en el 82, el año de la unidad frente a la agresión, vuelvo a salir y empiezo la labor militar en la frontera que me llevaría a este lugar y a este momento de mi vida. ¿O de mi muerte? Recuerdo la cara de mi mama cuando en el 79 regreso y le digo, "¡somos libres, mama!", y ella me abraza y me dice, "¡por Dios, estás vivo, Álvaro!", y empieza a llorar de felicidad la mujer, fue muy bonito. El año pasado, cuando murió yo andaba en el cementerio de un lado para otro, llorando, sin saber qué hacer, hasta que la Tere llega, me abraza y me dice, "¿Álvaro, vos cómo creés que mi mama te hubiera querido ver?" Y entonces como que yo me recompongo y digo, "es cierto, ella le infundió a sus hijos ese espíritu de lucha, de combate, de no doblegarse nunca". Y me voy junto a la Cecilia y al Ernesto y los abrazo a los dos sin tanta vergüenza por haber llorado, con los ojos rojos, hinchadísimos y ya todo estuvo más tranquilo. Y vos, Cecilia, recordás cómo ahí, abrazados, me ponías tu mano en el pelo, y me lo mecías lindo, como diciéndome, estoy contigo, Álvaro, conservá la calma. ¿Por qué llegan todos estos recuerdos así, tan sin orden, tan sin sentido? ¿Qué quiere decir que me acuerde ahora, en este preciso instante de la muerte de mi mama? Algo muy profundo tiene que significar donde mi mente desempolva esos recuerdos y hace atrás otros que están esperando turno en la fila y les dice, espérense que ahora le toca a mi mama con su fuerza, con su lealtad y su coraje. Y mi mama diciendo que si los guardias entraban a su casa les iba a echar el agua hirviendo con el café negro de mi papa, y mi mama asustada, pero apoyando cuando las manifestaciones estudiantiles, diciéndole a los vecinos que salieran a la calle, que hicieran protestas, vamos. ¿Pero por qué aparece ese recuerdo y no otro? La mente es muy caprichosa, muy niña. Como si no hubiera madurado lo mismo que el cuerpo en la montaña, como si el dolor no la hubiera curtido. La mente es una chavalita y quiere hacer lo que le da la gana, aunque uno no la deje. Por eso aparece mi mama y regresan otras imágenes tan serias e importantes como esa. Por eso también ahora regresa Mario, el compañero que nos entrenaba en la montaña (era su seudónimo y murió antes del triunfo, el pobre) y su fortaleza, su compostura. Y decía: "Miren, compañeros, ustedes han estudiado mucho y saben bien todos los textos, conocen de política y de filosofía, pero esto es otra cosa, aquí se viene a aprender de la vida, aquí la montaña enseña todo. No hay más que experiencias. Todo el día. Pero están hechas para hombres de verdad. Aunque hayan sido muy buenos militantes del Frente en la ciudad pueden ser unos pésimos guerrilleros y aquí nos vamos a hacer otros hombres todos. Así que a empezar". Y toda la mañana faldeando, cascando árboles, descachimbándose en las quebradas, cargando y descargando las mochilas pesadas que llevábamos de un lado a otro. Y viene el recuerdo de Mario porque su muerte fue parecida a la de mi mama, yo no podía creerlo, él que había sido el bueno, que era un guerrillero de verdad se había muerto y nosotros que éramos unos chavalos haciendo babosadas en el monte seguíamos ahí, pero no por mucho tiempo porque si a él la Guardia lo había acribillado, bueno, a nosotros nos iba a convertir en polvo en cuestión de instantes. Y el Gordo Valdivia fue el que me recompuso, el que me pidió que siguiera fuerte, como el propio Mario lo había sido, como mi mama, como todos los compañeros en los que me tenía que fijar todos los días para no entristecerme. Lo que quiere decir que estos recuerdos vienen para demostrarme que toda la vida he sido débil, fácil, vencible. Necesito siempre a alguien que me diga que no estoy bien, que me recupere, que vuelva a tener confianza. Y si ese alguien no aparece, no puede aparecer como ahora, entonces sí que no tengo escapatoria. Además, qué puede sentir un hombre –no me estoy justificando, es cierto– que está solo, encerrado, prisionero, lejos de los suyos, y que sabe de antemano que lo único que él puede esperar es la muerte. ¿Qué me queda? ¿Cecilia, sabés algo? ¿Podés decirme algo? No, verdad. No hay ningún consuelo válido. ¿Por qué entonces la angustia? ¿Por qué Valdivia no me asesina de una vez por todas y acabamos con esta payasada? ¿Por qué los frijoles y el arroz bien cocinados, hasta con chiltoma y todo? ¿Para qué quiere que me fortalezca, que me recupere? ¿Para qué toda esta tortura innecesaria que precede a lo inevitable? ¿Para qué? Si tiene algún sentido yo no puedo visualizarlo. No lo encuentro. Lo único que hallo en todo eso es una desesperación absoluta, una tortura psicológica innecesaria y un retardar lo inevitable. Lo que tiene que ser que sea ya, me decía mi mama en una carta cuando le habían diagnosticado el cáncer. No quiero sufrir. No quiero que me mantengan como un vegetal, que no pueda valerme por mí misma. Y ahora la entiendo mejor que nunca; uno es muy egoísta hasta con la muerte de los demás, ¿no creés, Cecilia? En ese entonces yo hice lo imposible para que mi mama no muriera, aún a pesar de que no pudiera valerse por sí misma, que siga viva–me decía a mí mismo– la necesitaba. Pero ahora veo cuánto de egoísta tiene esa posición. Y que no respeta el dolor humano en lo más mínimo. Porque uno muchas veces es así, mientras las cosas que le suceden a los demás –por lo menos a esa parte de los demás que queremos– no están dentro de nuestros planes o los alteran de algún modo, entonces queremos impedirlos, pero hay muchas cosas inevitables en las que el hombre tiene que dejar pasar la historia. Aunque la muerte de alguien querido nunca está entre nuestros planes. Por eso la soledad no es reconfortante, porque aísla, porque impide la comunicación, porque le decís a tus fantasmas aparezcan de una vez, no jodan. Y los hijueputas llegan sin orden, sin razón, derrotando más el ya derrotado cuerpo que no desea sino descansar de todo esto. Levantarse. Ver el cielo nuevamente. La luz. Los colores. Ahora todo es negro. Nada cambia, todo permanece igual todas las horas del día. Y dormir es cada vez más difícil. ¿Cómo dormir? ¿Con qué desprendimiento puede un hombre que está al morir, dedicarse al sueño? Es casi imposible. Las últimas dos noches, en que por cierto hizo un frío insoportable, Cecilia, casi no he podido dormir. Cuesta mucho trabajo. Uno continúa pensando en todo lo que ya pensó en el día. Uno nunca se desprende de sus fantasmas. Lo rodean. Lo cercan. Lo aprisionan. Se vengan poco a poco de la soledad en la que también uno fue dejándolos. Y vos, Cecilia, ¿cómo te encontrás? ¿Ya te llegó la noticia de que soy prisionero? ¿Entendés que ya nada se puede hacer? ¿Conocés mi tortura interior? No, es difícil, porque vos no puedes ser maga y saber que estoy aquí por el Gordo, que él es el comandante de esta mierda, que peor que el dolor, la oscuridad y el estar inmóvil es la tortura mental de saberse prisionero del amigo, del saberse acabado. Y lo único que te queda, Cecilia, es esperar.

¿Pero vos sabés lo horrorosa que puede ser la espera? Puede ser un túnel negro, húmedo, en el que vas metiéndote poco a poco. Puede ser una fosa que huele mal. Oscura. Puede ser una celda hasta confortable. Puede ser una mierda. Es una mierda. He pasado mucho de este tiempo que inevitablemente desperdicio, pensando en el Gordo, en sus íntimas cavilaciones, en sus dolores más profundos, en sus peores demonios que lo asaltan en la noche. He pensado tanta mierda que ni siquiera te he contado, Cecilia. Y cada que regresaba con vos me decías, "Álvaro, aquí todo el mundo está esperándote, todo está bien, no te preocupés".

Hoy me trajeron carne de no sé qué. Saladísima. Pegás un mordisco y está dura. Dejé la mitad en el plato. Y ya me acabé el agua. Tengo hambre. Me siento como un animal. No puedo más, ahora sí que no puedo más y empiezo a gritar como un loco. Y se me sale el alma por la garganta. Y pego en las paredes. Pego muy fuerte. Con las botas golpeo a ver si se cae esta mierda. A ver si pasa algo de una vez y grito. Sáquenme hijueputas. No soy un animal, mierda. Sáquenme ya. Y entonces ahí tenés que llega el Gordo y abre y me dice, "cálmate Álvaro o van a empezar a golpearte", y yo le digo que no soy un animal, que no tengo agua, que huelo mi propia mierda, que estoy muy mal que no puedo comer esa carne. Entonces el Gordo empieza a armar un espectáculo y yo me doy cuenta de que es puro teatro la mierda que hace. Y me saca a empujones, pateándome, y me agarra de los brazos, tensándomelos atrás y

65

grita, "caminá hijueputa, a ver si aprendés con esto", y me da una patada en los güevos, luego regresa y sigue gritando, y me empuja. No puedo ver nada casi del sol que ya no conocía, y tengo los ojos cerrados. Y el Gordo le grita a algunos, "limpien ese lugar para que deje de quejarse este hijuelagranputa. Y tráiganle algo de arroz y agua a ver si así ya se calla y nos deja en paz el jodido." Y sigue pateando y gritando y uno se da cuenta porque lo conoce que es puro teatro y que la verdad es que quiere que esté mejor. Y cuando todo está listo o al menos limpio me vuelven a meter dos soldados y el Gordo les dice, "enciérrenlo ya de una vez." Y se va, siguiendo el teatro. Pero entiendo por qué lo ha hecho y cuando me dejan otra vez, ahí, encerrado es como si hubiera vuelto a nacer. No huele mal, hay arroz caliente, un pocillo con agua, hay sobre todo la esperanza de la luz. ¡Saber que no es un sueño! ¡Que sigo vivo! Y ya otra vez vuelve el motorcito del pensamiento. Y el hombre de Niquinohomo, con su sombrero de ala ancha, sus botas y su gabardina, y uno se lo imagina, trabajando en la Huasteca Petroleum Co. y ahorrando dólares para regresar con tres mil al Cerro del Común y ver que Moncada ya había entregado las armas y no había revolución. Sandino ahí es donde decide incluso lo que ahora somos, cuando escribe su primer manifiesto y dice, *yo no me rindo*, y reúne a sus hombres en El Chipote. Eran treinta contra todo Estados Unidos ahí invadiendo el territorio. Y sus hombres cansados, trabajadores, campesinos, viene y va a la montaña con todos ellos, descalzos, o con caites; casi desarmados y cantando. Y Sandino diciendo a sus hombres que, *el abrazo es mi saludo*. *Todos somos iguales*. Y él que tanto había seguido a la muerte, que tanto se había burlado de ella, que en esos años desde aquel manifiesto, controlaba una buena parte de la región, después de cenar con Sacasa, y de sacarse una foto con Somoza, entonces parte y los guardias los interceptan a él y a sus hombres y los llevan a morir donde unos presos ya habían cavado los hoyos. Y desde entonces Sandino era una estrella. Y ahora pues es una gran estrella a la que todos seguimos. Así que es imposible que la contra nos derrote. Ya te lo dije alguna vez, Cecilia, y vos estuviste de acuerdo, aunque tengan todos los millones y todas las armas no tienen la razón los jodidos. No saben por qué lo hacen. Y mientras sus líderes viven en mansiones de la gran puta en Miami, gozando los dólares, emborrachándose y esperando ansiosamente el día en que puedan regresar a Nicaragua a pisar de nuevo a sus hombres, a explotarlos. El día en que ese ejército de contras desaparezca y ellos sepan que no tienen más dólares y que sus mansiones no valen nada comparadas con la alegría del pueblo que sigue feliz y que aunque no tenga nada y pocos países se solidaricen con él, siguen siendo un pueblo de poetas, y de músicos y de gente libre, hermosa. Eso es lo que no entiende el Gordo. Vuelven las angustias. Me toman por sorpresa. Y a veces pienso que no voy a sobrevivir, que nunca voy a ver todo esto que digo. Y sé que mi muerte es cosa de días, o de horas quizá. Y sé que nunca más voy a ver el Gran Lago y sus

islitas que tanto quiero, y que nunca más voy a ver la cara
de Cecilia, y que nunca más volveré a decirle que la amo.
Pero sé que no importa, que sólo soy yo. Que hay mucho
más que yo atrás y que no van a dejar pasar la traición. No
soy imprescindible e igual me siento jodido. Sé que no soy
tan importante y que mi país se va a seguir defendiendo y
no van a poder hacer nada contra él a pesar de todos sus
esfuerzos y sin embargo, puta, no puedo impedir que me
de rabia sentirme así de impotente, así de estúpido, así
de infeliz. Quisiera poder hacer algo. Desearía locamen-
te volver a verte, Cecilia. Y vos, vos también querés que
vuelva, ¿verdad?, que, como esa vez después del triunfo,
cuando el niño ya tenía cinco años, o cuatro, o quién sabe,
pero estaba más grande, cuando vos llegás con él y me
decís, "¿Álvaro, te acordás de tu mujer y tu hijo?", y yo,
"claro, pero qué barbaridades decís". Y entonces sí que
es una la alegría aún más búfala, Cecilia, porque mi mama
aparece ahí también y me dice, "saludá a tu hijo que nos
vamos los dos para Granada." Y vos y yo nos quedamos
solos, y caminamos por las callecitas de Acahualinca y vos
me decís, "pronto va a estar pavimentado todo esto". Y
entonces te abrazo y recargo mi cabeza en tu hombro,
así de romántico, y te digo muchas veces que te extraño,
que te necesito, que no puedo más de las ganas de hacer
el amor con vos. Y vuelve entonces (ahí en un hotelito
pequeño) el olor de tu cuerpo, y renace ese territorio que
yo ya había perdido de mi vista. Y vos me decís, "¿verdad
que estoy más gorda?" Y yo te veo tan hermosa y con

ese cuerpo que me mata, me quita el aliento y te digo yo te encuentro búfala, Cecilia, y empiezo a acariciarte, con tanta ternura. Pasamos horas, yo no sé cuántas, los dos ahí acariciándonos. Y tus brazos, y tus piernas, y tus dedos, que estaba olvidando. Todo lo fui volviendo a guardar en mi cerebro, hasta no perderlo nunca más de vista. Y tus uñas. Y entonces mi lengua acaricia tu oreja hasta que te da cosquillas y sonreís. Y estamos los dos ahí tan cerca, y sólo atreviéndonos a tocar la piel, y el pelo, y divertirnos explorando esos lugares que eran tan nuestros. El hueco de la bala en mi hombro, tu rodilla. Nuestras manos entrelazadas. Hasta que los dos entendemos que ya estamos conociéndonos de nuevo, y mis manos te desnudan el cuerpo que ya no tenía ropas, y tus manos me visten mi piel desnuda, y ya nada nos detiene. Estamos juntos nuevamente. Y yo enamoradísimo todavía. Y vos imagino que también. Entonces, me decís, "Álvaro, la revolución no puede hacerse sin ternura." ¿Te acordás, Cecilia?

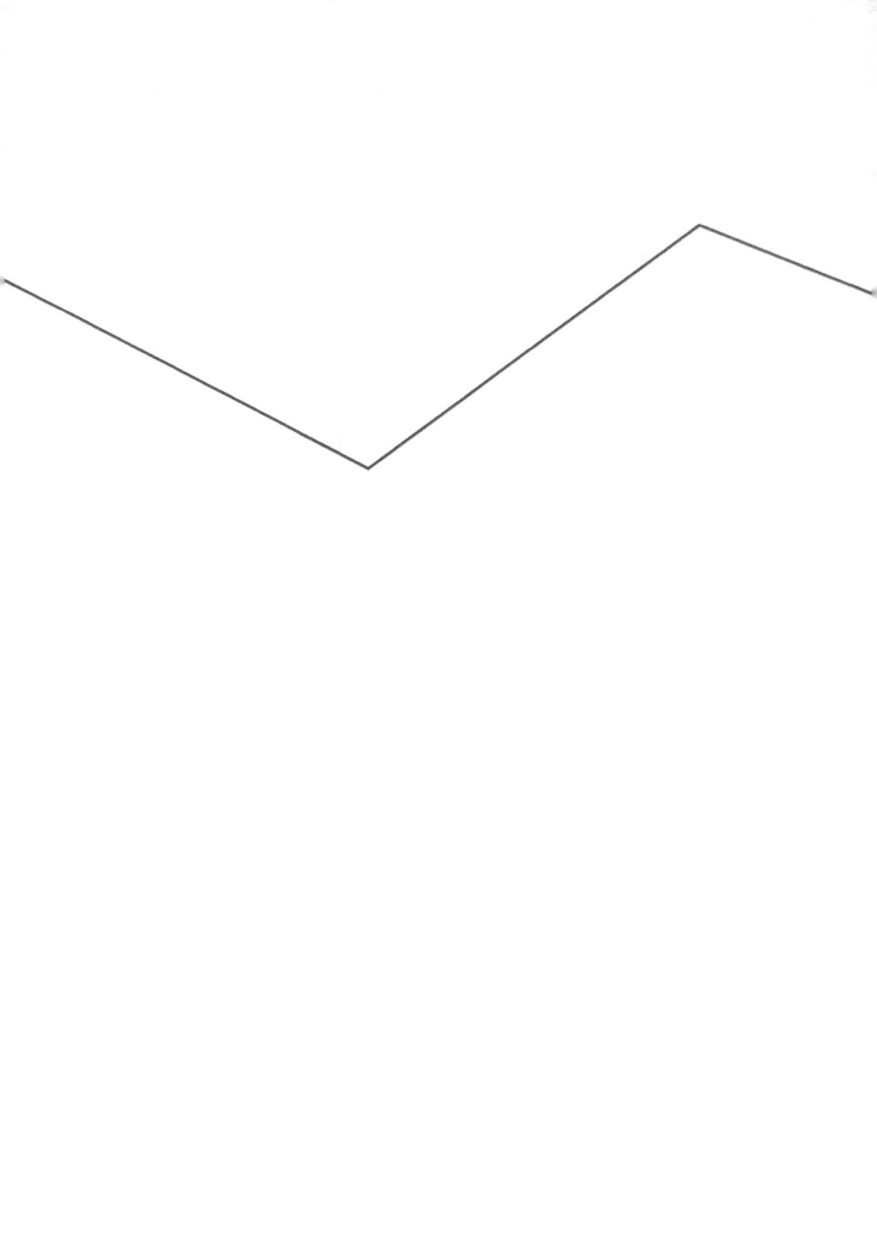

V

Me gustó tu foto. La andaba en el bolsillo de mi camisa verde olivo. Pensaba en ella todo el día. Era la ofensiva
final. Mayo de mil novecientos setenta y nueve. Empezaba
a vencerse lo imposible y el sueño se hacía realidad. Aunque fuera una realidad difícil y con muchos esfuerzos. La
Dirección Nacional del Frente juzgó que estaban dadas
una serie de condiciones objetivas, y que había que dar el
último paso para la muerte lenta pero ahora ya segura del
somocismo. El veintiocho de mayo Pastora ataca El Na-
ranjo, en la frontera con Costa Rica. Por otro lado se hizo
un ataque a Rivas en los mismos momentos para permitir-
le a Edén un descanso y que sus tropas se apoderaran de
suelo nicaragüense. Mientras tanto se recuperan las líneas
del Norte. El plan lograría un total desgaste de la Guardia.
Pastora siguió hacia El Ostional para asegurar su posición.
En la Costa Atlántica, Modesto —el seudónimo del comandante Henry Ruiz— avanza con su columna por Was-

pán, Bonanza, Rosita y Puerto Cabezas. Empezaba pues la acción en el departamento de Zelaya. Somoza manda a cerrar los aeropuertos nacionales. Por Bahía de Salinas empieza a sufrir un ataque el Frente Sur y el Benjamín Zeledón. Lanzadores de cohetes, jets T-treinta y tres, aviones Push-Pull presionaban fuertemente a Pastora y su gente. El dos de junio empieza la insurrección de Chinandega; al día siguiente Chichigalpa. Radio Sandino anuncia la huelga general para el cuatro de junio. Managua, esa mañana según cuentan los que estaban ahí, era silenciosa. Calladita. Nerviosa. No había buses, ni taxis, ni un carro circulaba. Algunos empleados públicos por la amenaza de despido se dirigían caminando hacia sus trabajos. Empezaron duros combates en Chinandega. El mismo día de la huelga se levanta en armas León y el cinco en Jinotepe, Diriomo y Diriamba. Pastora ya controlaba Los Mojones y Conventillos. El Frente quería cortar la comunicación de la carretera Panamericana. En Matagalpa también se da inicio a la insurrección, empezando a hacerse barricadas y una columna —entre la que yo estaba— bajé de los cerros en la madrugada y tomamos la estación de policía. El día seis los pueblos de Rosita y Bonanza ya eran del Frente. Estelí se insurrecciona también. El siete el Frente ataca Ocotal y Radio Sandino da la noticia de que ya León, Somotillo, Chinandega, algo de la Nueva Segovia, Estelí, Matagalpa y Chichigalpa, ya estaban tomadas por el Frente. ¡Qué moral teníamos todos en ese momento! Estábamos ya absolutamente seguros de que íbamos a ganar la guerra; teníamos a la guardia toda desperdigada por el territorio. Managua reverberaba. Se cerró el aterrizaje internacional en el Aeropuerto Las Mercedes y se clausuraron los periódicos La Prensa y El Pueblo. En el departamento de Chontales el Frente empezó a controlar desde el ocho de junio. Se inicia una caída de paracaidistas atrás de los hombres de Pastora para lograr mantenerlos ahí y evitar su retirada. En Managua se erigieron barricadas los días nueve y diez en los barrios orientales. La guardia siguió usando su método de llevar de rehenes a mujeres y niños adelante para impedirnos disparar. Ya estaban cortadas las comunicaciones con la Carretera Norte. Se bombardea e incendia La Prensa por parte de los guardias somocistas. Escaseaban los alimentos. En León la Guardia estaba replegada. El día once Pastora se repliega hacia Ostayo, tomando Peñas Blancas, Sapoya, lugares más estratégicos. Por todos lados la lucha era a muerte. Sangrientos combates se libraban en todo el territorio. El quince la Guardia echó atrás un ataque a Wiwilí, donde Sandino había estado refugiándose muchos años antes. Políticamente estaba todo listo, así que el Frente anuncia la creación de un gobierno provisional en Costa Rica, una Junta de Reconstrucción Nacional. La angustia de la gente era enorme, por todos lados oías que se decía, mierda, esto no puede durar. No se aguanta. Pero sin embarcarnos en otros temas, porque estoy feliz recordando todo esto, me siento ahí, reviviendo esos días ya casi triunfantes, el caso es que las tropas en Masaya y otras cerca de Río Ostello habían

emboscado y obligado a retirar a la Guardia. Las barricadas en Managua se mantenían, aún con muy pocas armas.
Nadie sabe cuántos murieron verdaderamente, ni cuántas
tumbas provisionales tuvieron que levantarse en lotes, fo-
sas, cerca de los barrios orientales. Managua y todo el territorio estaban calientes. Entonces la Dirección Nacional
ordena que se retiren las tropas de la capital hacia Masaya.
Hubo emboscamientos a la Guardia y combates constantes. Duró muchas horas el repliegue. La fila enorme de
gente rumbo a Masaya no fue atacada porque los aviones
no sabían si eran del Frente, de la Guardia o de la EEBI.
El 28 los últimos de los seis mil que se habían replegado
llegaron a Masaya. La Guardia intentó entrar pero fue ma-
sacrada, entonces se limitaron a atacar desde la colina de
Coyotepe sabiendo que todo intento de entrar a Masaya
era suicida. Los somocistas pensaron que si Managua había quedado libre tan rápido era natural que pasara lo mismo con el resto del país. Pero los barrios orientales, en su
defensa de diecisiete días le habían bajado la moral a la
Guardia. ¿Entendés? Ellos estaban acostumbrados a llegar, entrar al lugar, matar niños, hacer barbaridades. Y no
podían pasar. Estos lugares estaban casi fortificados, ¿entendés? Éramos casi invencibles. El tres de julio Matagalpa era del Frente y además se tenía controladas veintidós
ciudades y pueblos. Los somocistas empiezan a ver que va
en serio, a asustarse de verdad. La carretera estaba cortada
con árboles grandísimos. Uno después de otro los pueblos empiezan a caer. Toda la estrategia era búfala, funcio-

naba a la perfección, como un motorcito, vamos. Internacionalmente ya nadie apoyaba a Somoza y hasta los Estados Unidos le habían pedido su dimisión. No tenía armamento tampoco, lo que hubiera prolongado una guerra que tenía perdida ya. Era un hoyo enorme del que no podía salirse. El ocho de julio otra derrota moral, porque en León cae un fortín que creían eterno, imposible para el Frente, Acosasco se llama. Y vos, Cecilia, siempre que te cuento esta historia que sabés de memoria, llegado a este momento me preguntás, "¿Álvaro, y el bunker de Somoza, qué pasa con él?" Bueno, pues en Tiscapa, el dictador pone en orden sus negocios para sacar del país todos sus dólares, inclusive exportar los productos de todas sus empresas, inclusive contenedores de carne. Compra un barco para exportar azúcar, creo que como cinco millones de dólares. Casi todo el dinero, además, está en bancos norteamericanos donde no corre peligro. El hombre está derrotado. El diez de julio todavía las fuerzas de la Guardia intentaban romper el cerco en Sébaco. Todos fueron replegados, capturados y las armas confiscadas. Todos los frentes, menos el de Pastora, retenido en el sur, avanzaban hacia Managua. En las primeras horas del 17 de julio Somoza aparecía ante el Congreso, presentaba su renuncia, volvía al bunker y en un helicóptero llegó al aeropuerto Las Mercedes. En su jet Lear abandonaría Nicaragua, hacia Florida. Urcuyo, un diputado, fue electo presidente y el coronel Mejía González era nombrado jefe de la Guardia Nacional. Empezaban las rendiciones de tropas de la

Guardia, el mismo diecisiete en Masaya, cayendo Juigalpa, Diria y Diriomo a manos del Frente. El diecisiete también se toma Granada, en la madrugada. El dieciocho de julio Urcuyo se fue para Guatemala y hasta los Estados Unidos lo condenaron por no cumplir el compromiso para ceder el poder a la Junta. El veinte de julio la Plaza de la Revolución estaba cuajada de gente, ¡toda una multitud! La Junta juramentó y en su proclama pedía la unidad nacional y el apoyo para resolver los grandes problemas nacionales, como el hambre, la desocupación, el analfabetismo, la falta de vivienda. En fin. Era toda una fiesta. ¡No podía ser menos! La gente gritaba: ¡Viva el Frente Sandinista! ¡Viva la Junta de Gobierno de Reconstrucción Nacional! ¡Viva Nicaragua libre! Había risas. Abrazos. Saludos. Fiesta, pues. Y sin embargo se calculaba que más de treinta y cinco mil personas habían muerto en la lucha, casi todos civiles, que más de cien mil habían sido heridas. Había necesidad de atención médica y cuarenta mil huérfanos aproximadamente. El país en bancarrota. En la más absoluta miseria después del saqueo del Tesoro por parte de Somoza. ¡Puta, se calculaban miles de dólares de pérdidas! Habían sido destruidos fábricas, edificios, ganado, productos agrícolas. ¡Pero se había dado un ejemplo para toda América Latina! ¡Se había derrotado al ejército más poderoso de Centroamérica! Quisiera tener en estos momentos, Cecilia, al Gordo para preguntarle qué de todo lo que prometió la JGRN ese día en la Plaza de la Revolución no cumplió, a pesar de la crisis. Los edificios hoy están reparados y las fábricas funcionan y hay ganado y los campesinos tienen sus tierras para trabajarlas. Todo en la medida de las posibilidades, en la medida de la solidaridad de todos los países, en la medida que una guerra que no tiene medida con la contra, nos ha posibilitado seguir creciendo. Aún queda mucho por hacer, y vos Cecilia lo sabés y lo hemos hablado. Pero no puede pedirse más. Ha sido demasiado. Y las masas, ¡puta, qué organización todos estos años! El pueblo no para y lo demuestra todos los días, con la construcción de comedores infantiles, con la pavimentación de calles. Vamos, es imposible no darse cuenta de todo esto. Cecilia, debés entender entonces por qué aún no me doblego en este encierro. Creo poder comunicarte el sentido del dolor, su profundo significado. Y su belleza, claro. Y no creás que empieza a ser fácil soportar esta posición, aguantar este olor, sostener el ánimo, mantener la sonrisa y las ganas de seguir pensando en vos. Fundamento la nostalgia. Le pongo unas columnas fuertes al recuerdo para que le sirvan de apoyo. Y empiezo a comer mi arroz y a beber un poco de agua que me queda en el pocillito. Es de noche. Seguro que es de noche. Se escuchan las mismas risas de siempre. Imagino a los soldados jugando cartas, platicando de las novias que dejaron o de sus padres y sus hermanos. Los imagino –a algunos– pensando que sus parientes más cercanos o queridos son sandinistas. Los veo –a otros– inconscientes, irresponsables. Las familias se rompen, se desunen con estas guerras. Desde el somocismo es igual y si no pensá en

Carlos Fonseca Amador y su padre aún administrando los bienes del dictador en los últimos días de su régimen. Se escuchan sus risas. Hace frío. En los pocos minutos que salí, con lo que el sol me deslumbraba no pude ver siquiera dónde estaban las posiciones y los cuarteles, aunque imagino que cerca. No pude observar el horizonte para intentar reconocer un poco del territorio, del lugar de mierda en donde estoy. El frío es duro, no se aguanta. El arroz hoy sí estaba bueno, no era esa masa pegosteada a la que me estoy acostumbrando. Estaba mucho mejor, con la sal justa. El agua, en cambio, es tan poca que no alcanza y siempre tengo sed; me paso la lengua por los labios para mojármelos un poco y los siento partidos, secos. Puta, además se me olvidó hoy mojar el pañuelo para tener un poco de humedad en la boca más horas, enseñanza de la montaña, al fin. ¿Qué será del Gordo en estos instantes? ¿Estará durmiendo o jugando con sus soldados? ¿Pensará en algo? Esperará órdenes para mi muerte, eso sí estoy seguro. Él también quiere acabar con esto de una vez por todas. Tengo el ánimo muy alto después de todos los recuerdos del triunfo; era otra vez como una televisión, salvo en momentos negros, la pantallita de mi cerebro iba pasando uno a uno todos esos momentos, como fotos en un álbum. Además lo voy reconstruyendo todo con una precisión que me deja asombrado, Cecilia. Sé aún de memoria qué pasó en casi todos los departamentos, cómo se iban desenvolviendo las acciones que nos llevarían a la victoria final. Al compromiso de la reconstrucción que nadie nos quitará porque sería como despojar a la misma Nicaragua de lo que ha querido, del proyecto humano por el que ha invertido tanta sangre y tantos hermanos y tanto, tantísimo trabajo. ¿Qué será de mí, a todo esto? Nunca me había puesto a imaginar qué es la muerte. ¿Cómo será? ¿Qué puede uno sentir? Espero que no esta misma seguridad de la noche eterna. No sé por qué desde la escuela nos pintaron una muerte negra, oscura. Yo la imagino llena de visiones extrañas, de colores, de formas caprichosas, nuevas. ¿Pero qué será verdaderamente? ¿Uno se irá entregando nomás? ¿O es de golpe? No recuerdo qué primo decía que él soñó que se moría y era plácido, tranquilo. Creo que hablaba de un túnel, o un hoyo negro en el que vas cayendo poco a poco, y vas dando vueltas, cada vez más rápido, hasta que ves una luz hermosísima. ¿Será eso, Cecilia? Nunca he logrado imaginar, de este sueño de mi primo, si a ese hoyo uno cae acostado o parado. Me gustaría que fuera horizontalmente, porque así reviviría mis experiencias de la montaña, ese ser al que no sé si amo o si odio, pero del que recuerdo que te sentabas en el suelo y apoyabas la cabeza en la tierra sintiendo como si una aspiradora suavecita jalara tu sangre hacia allá, a ese centro del mundo que es por un momento tu cabeza. Y sentís cómo te corre la sangre por todo el cuerpo y cómo te late el corazón rapidísimo, como una maquinita perfectamente engrasada. Y sobre todo sentís que esa tierra pegada a tu cabeza es lo más natural del mundo, que siempre estuviste en esa posición, que la tierra ya te ha chupado para siempre. No sé qué tan real pueda ser esta experiencia, pero me agrada compararla con la muerte, porque era muy linda. Calmadísima. Poco a poco ibas perdiendo la fuerza de los músculos y los ibas relajando todos hasta que estabas totalmente tranquilo. Sin tensiones, vamos. ¿Será eso la muerte? ¿Habrá Dios? No creo. Cuando dejé de creer en él, en el bachillerato, mi mama se asustó y me mandó con el padre William, quien me había bautizado y con él hice la primera comunión. Le expuse lo que pensaba y me hizo preguntas de todo tipo. No contestó nada pero algo le ha de haber dicho a mi mama que se quedó más tranquila y no volvió a mencionar el tema en la casa. ¿Pero entonces qué habrá en la muerte? Adónde se llega, si es que se llega a algún lugar. ¿Cómo es? ¿Quiénes están? ¿O es sólo un pasillo largo, sin fin, por el que transitás sin preocupación hasta que te dejan sentarte para siempre? No creo. No pienso en una muerte tan inactiva. Pero si tenés que hacer algo, qué es, para qué sirve, pues. No entiendo. Ya lo sabré a su debido tiempo. En muy poco, es cierto. Cuando lo sepa no podré contarlo como no lo ha contado nadie. Me guardaré el secreto. ¿Será muy feo, entonces? Quién sabe qué sea. De todos modos he estado tan cerquita a la muerte, he visto morirse a tantos que no creo que me cause una impresión muy nueva. Vos, Cecilia, ¿te lo has preguntado alguna vez?, ¿sabés qué es la muerte?, ¿tenés alguna respuesta? Decime, por lo que más querás. Dame al menos alguna seguridad.

VI

Tiene que volver el Gordo. En algún momento debe presentarse, al menos para decirme adiós. No creo que no vuelva a verme, le remordería siempre la conciencia, dejarme así, solo, mal comido, y no venir a decirme algo al menos. Cuando estás así de solo, y sabés que nadie va a venir a verte, que no te podés despedir de tus amigos ni de tus amores, no te queda otra salida que confiarte al primero que pase porque es el último. Tengo ganas de hablar con Valdivia, de decirle algunas cosas antes de que todo termine. No para que entienda y recapitule. No es eso siquiera. Tan sólo quiero hablarle para que esté menos adolorido. Tan sólo deseo perdonarlo por lo único que puedo. Le tengo que decir que no lo culpo por mi muerte. Así de sencillo, pues. Y no quiero armar un nuevo escándalo que precipite más las cosas. Voy a esperarlo con calma. Tiene que presentarse la oportunidad. Y por lo que más querás, Cecilia, volvé a repetir con amor todas las cosas que nos

gustan. No olvidés el cariño con que decíamos perico me-
lero, guardabarranco, pijul. Nunca dejés de pensar en la
ternura con que oíamos al pájaro degollado, con su man-
cha en el cuello, ni al tecolote, ni al pájaro gritón. Nunca
te desacordés de mi voz hablando del Toledo todo terciopelo oscuro, ni del Quetzal. Y oí las ranas. Observá las ti-
jeretas. Anotá para siempre en tu memoria al Zenzontle y
sus nidos. Pensá en la saliva de las golondrinas pegando
sus nidos a las paredes con paciencia, sin sentir que muy
pronto tendrán que dejar el lugar. Y alegrá tu corazón con
los rielazos de agua que presagian cosecha. Imaginá el Cu-
curruchí en el verano. Y decí Guardatinaja y repetí Poco-
yo. Y visitá Nindirí y el Volcán Masaya que juntos recorri-
mos riéndonos de sus años y de su espera bajo la tierra, y
de su ira contenida en kilómetros de lava que esperaban.
Y observá las urracas y los chocoyos y oí tu reloj acostada
en el parque diciéndome, Álvaro ya es tarde. Y metete en
el tren de Granada sin pensar a dónde te lleva, pensando
que nos llevó a los dos alguna vez. Y admirá el color de
guapote, y cortá sorocontil y hacé un ramo así de grande
como el que te hice. Imaginá mis besos. Recordá mi cuerpo y rodealo de flor de café y pensá que mientras moría
iba escuchando el sonido del Chichitote. Y recordá los
cerros en los que anduve, y los que nunca caminé. Bija-
gual, Tisey, Quiabú, Tomabú. Y decí Yalagüina, Palacagüi-
na. Pis-Pis, Condega, Estelí, Ocotal, porque son tierras
que sé de memoria. Todas me conocen. Y luego, para aga-
rrar fuerzas, pensá en El Chipote, la montaña de Sandino,

imaginala húmeda, con mucha neblina, porque así es. Y pensá en los monos pálidos que la habitan y la caoba y los palos y el ocote que la componen. Oí cómo chillan los pocoyos y los tucanes trinan o no sé qué sonido producen, pero están ahí, en el refugio del general de hombres libres. Nosotros, claro. Y acordate del guas y de su canto. Cuando todos estos pedacitos de tu tierra los tengás bien aprisionados en tu cerebro, recordá que son las partes que más le gustaban al Álvaro. ¡Puta, qué frío! Y no puedo dormir, por más que hago el intento y doy de vueltas ahora que la herida casi no me duele, igual es terrible. Ladran los perros hace un rato que se soltó un aguacero terrible y la tierra toda está mojada, así que te imaginás, estoy acostado sobre lodo, aunque no muy aguado porque esta celda ha de tener una zanja, de lo contrario ya hasta se hubiera inundado, creo yo. Me ronda como un coyote el recuerdo del Ernesto. Cuidá mucho de él, Cecilia. Hacé de él un hombre de provecho, contale mucho de su padre, para que sepa por qué es así; y decile lo que me amaste, y lo buena que eras conmigo. Contale por favor aquella vez cuando regreso de la montaña y él es tan chavalito que no entiende que vos y yo estamos mal, que me decís que no cstás segura de quererme. Hablale de ello para que se ría y sepa cuánto tuvimos que sufrir para estar juntos. Y, Cecilia, apoyalo en todo, que el chavalo sienta que vos sos su sostén ahora que se queda sin padre. Que sepa pues que la vida no depende de mí. Que él es el único que tiene derecho a saber lo que quiere. Pero orientalo, mostrale el camino. Y contradecilo cuando no tenga la razón, cuando nomás se encapriche, porque un verdadero revolucionario no es un voluntarioso, sino un hombre que se disciplina. Hablale también de ti, de todos los trabajos que hiciste durante la revolución, contale cómo fue de difícil la vida clandestina, para que él sepa y se lo diga a todos sus amigos, que la revolución no se hizo en un día, que costó mucho trabajo y mucha sangre y mucho esfuerzo. Hacele entender eso porque es indispensable. Y hablale de las obras ideológicas que nos mostraron el camino, que estudie la teoría, que no piense tampoco que irse a la guerrilla es una cuestión de aventura, sino de riesgo. Y que los que subimos, lo hacíamos perfectamente conscientes de las razones que nos motivaron a ello. Que no haga ídolo a ningún comandante, porque no se trata de eso, que los vea como hombres, que aman y se desesperan y sienten y sufren y lloran. Como su mismo padre. Por eso es imprescindible que le contés cómo era yo. Que no tenga duda, ya que me conoció muy poco. Unos dos años cuando mucho que viví con él ya grandecito. No creo que me conozca el Ernesto, así que decile todo esto para que lo sepa bien y no se le olvide. Y hablale de la traición, de la deslealtad de las vías ilegítimas de adueñarse del poder para intereses mezquinos. Hacele entender que la contra es un mal que hay que extirpar de Nicaragua, para que cuando a él le toque combatir, si es que estos hijueputas duran para ese entonces, aunque no creo, los combata con todo el corazón, con toda la fuerza de que es capaz. Decile que lo

84

quiero. Que nunca lo olvidé y que aunque nos vimos poco, sigo siendo su padre. Explicale las razones por las cuales no pude estar junto a él cuando lo necesitó. Y vos, Cecilia lindísima, cuidate mucho. Y amá. No te quedés sola, por lo que más querás. Yo siempre fui un optimista, recordá para que nunca te venzás a ti misma, porque el peor enemigo de uno son esas mentiras que se hace en la cabeza y que obstruyen el pensamiento. El peor enemigo es la incoherencia y esa locura te lleva a ella. Permanecé firme en tus convicciones, que son las que nos movieron a los dos. Y recordá que te amo. Que no te olvido. ¡Qué frío! Sabés, lo peor de estar encerrado no es la soledad, ni la histeria, ni la animalidad como te dije antes, lo peor de todo es la impotencia. En el último momento llegará la orden de que no me asesinen. El Gordo podrá hacer algo al fin. No lo creo. Pero la resignación nunca ha sido mi fuerte. No puedo conformarme con estar encerrado, humedecido, lleno de tierra, sin poder dormir, con la barba picándome, con unos dolores de estómago terribles. Sin agua. ¿No me habrán envenenado para hacerlo todo más rápido? No creo, hace como tres horas que comí. Varias veces dejé de pensar pero sin mucha suerte. Asalta a cada rato la angustia. La peor, Cecilia, la angustia de estar vivo. ¿Cómo puedo estar seguro de que a ustedes dos no les faltará nada? ¿Cómo puedo estar seguro de que podrán ser felices si yo mismo me he puesto a pensar que si a mí me pasara esto y perdiera a cualquiera de ustedes, yo nunca volvería a ser feliz? No puede ser. Tengo que ser fuerte. Tengo que vencer la duda. No puedo colgar el uniforme en estos últimos momentos. Algo, lo que sea, tiene que aparecer. Aunque sea la mañana y un poco de sol. Llevá al Ernesto al Lago y enseñale los poropos y los corteses floreciendo, y señalale las libélulas cortejándose como amantes renovados, y los guairones zanquilargos esperando cazar sus sardinas. Que vea las iguanas confundiéndose con el paisaje, los garrobos y los congos. Decile que conozca la selva, que platique con los cucarrones y los grillos. Temo el golpe final, Cecilia. Eso y lo que vendrá. Estoy realmente con pánico. Un ratón entra y sale en medio de la lluvia, llevando cosas entre sus patitas pequeñas. Es la tercera vez que lo veo, así de chico desde que estoy aquí, ni siquiera ha sido un buen compañero el jodido. Después de tanto tiempo resulta que mirás las paredes y como la vista ya se entrenó en la oscuridad ves manchas y las manchas tales te dicen cosas, te semejan figuras. Y ves una nube, un árbol, varios animales. Hay una telaraña con sus presas en el lado izquierdo, cerca de la puerta; nunca me había fijado en ella. Imagino los techos de zinc llenos de sarro. Que eran las viviendas antes: en las bananeras, en los barrios orientales de Managua, en los barrios más humildes de otras ciudades. Y miro el zinc de este techo que me recuerda todas esas cosas. Y me voy perdiendo poco a poco en lo que fui, en todas las cosas; como si para existir, para sentirme real, necesitara recordar alguna calle y decir yo transité por estos parques, por estas playas. Y el mar no es uno pero puede serlo si decís León. Y sos real por todas esas cosas que son tu pasado, que significan algo, que hacen de pronto cobrar vida al dolor. Le dan sentido, vamos. Y este último año sin vos. Solo. Unas cuantas cartas de los dos. Más bien frías, distantes; contando cosas sin razón, superficiales. Y empezaba a sentirte cada vez más lejos, allá como un puntito del mar. Hubiera querido ir a verte pero no se podía; había combates casi a diario. La situación era difícil. Entrenaba muchachos, además. No paraba todo el jodido día. Y empecé a pensar esos días en lo que era sin vos, si es que era algo, o alguien. Y me dije para decírtelo algún día, que esta guerra de mierda nos había separado justo ahora cuando estábamos mejor, cuando después de tantos años éramos una familia normal, comíamos juntos, platicábamos los tres. Vos hasta querías que tuviéramos otro hijo, pero yo me negaba. No podía pensar en la estabilidad, prefiguraba estos días de combate en la frontera y no quería verte sufrir otra vez sola con un niño tan pequeño; ya ni siquiera estaba mi madre para ayudarte un poco. Y armaste un escándalo ese día. Por poco nos separamos. Quería hacerte comprender, Cecilia. No era por joder nomás. Había razones bien fuertes para negarme. ¿Quién puede negar que los dos hemos sufrido demasiado? Las vidas cambian repentinamente, Cecilia. Y de un turcazo no estás donde estabas, no sos lo que eras, no decís lo que estabas acostumbrado a decir. Y por más esfuerzo las circunstancias te llevan a otros paisajes, a otras voces. A otros silencios. A la soledad, también. Ya ves el Gordo... Y sos las horas que te faltan vivir, las cervezas que no bebiste, quizá las balas que nunca te alcanzaron; pero sos también la tierra que todavía no pisás, que todavía no te toca ni te protege. Sos la mierda que te falta vivir. Y dejás de ser Granada. Dejás de ser Guardabarranco, Wiwilí, y venís a convertirte en este hombre destruido, esperando con resignación los instantes de su muerte. Y el hábito de tener allí, la proximidad de tu cuerpo. Tus ojos profundos en donde solía mirarme un rato. Y la ternura de tus manos, que me sostenían así nomás porque sí. La última vez que hablamos, ¿te acordás?, el teléfono mintiéndome que estabas aquí, que podía hablar con vos, que estabas cerca. Yo preguntando cómo estabas, cómo se encontraba el Ernesto, si no se les ofrecía nada. Y vos también mintiéndome que no, que estaban bien, que no tuviera pendiente, que me esforzara por luchar lo mejor que pudiera, que me apoyabas, Cecilia. Y el Álvaro, tu Álvaro, diciéndose qué linda es la Cecilia que no me dice que está sola, que no puede más, que lo único que quiere es mi presencia. Y cuando colgamos y Granada-Ocotal era una distancia enorme y vos no te encontrabas por ningún lado, qué nostalgia entonces. Vos ofreciéndome tu apoyo y tus manos que eran imposibles en ese momento. Y vino ordenar mi vida descerrajada sin vos. Y poner en fila los recuerdos, haciendo cola sin empujarse, esperando el tiquete de la función para verme jodido. Vino a ser lo que soy sin vos. Y empezar a reconocer que no tenía otra escapatoria que la entrega, que la lucha era mi mejor somnífero para las noches de insomnio pensando en lo que les había hecho esta guerra a Ernesto y a vos. A miles de compatriotas. Y poco a poco uno va prefigurando lo que tiene que ser. No hay otra manera de entender la vida o la muerte que por las cosas que uno hizo y las que dejó de hacer y que lo determinan en un momento cualquiera. Sos, ya te lo dije, ese par de calcetines, o el cortauñas o el cepillo de dientes. Sos tus libros y tus acciones concretas que algún periódico guardó para siempre. Pero estás encerrado y no tenés nada de eso y entonces vos no sos nada. Sí. Es cierto. Perdón, Cecilia, sí sos algo: sos tus recuerdos. No hay nada más. La noche. La lluvia cayendo a rielazos y golpeando el techo de zinc de manera insoportable. Empieza un tic tic tic y luego ya son golpes duros proc proc proc, constantes, eternos. Y sentís cómo la tierra se va mojando debajo de vos, y cómo las arañas desde su tela se ríen de vos las jodidas. Y el ratón entrando y saliendo y tu herida que no te dice nada ya, que tan sólo te recuerda el dolor. Y el pocillo ya sin agua. El arroz otra vez malísimo, salado. Los fantasmas de tu mente que corren alrededor de ti y también se ríen contigo y no quieren dejarte ser. ¡Mierda!, no se puede estar de ninguna manera en este lugar, porque no encontrás dónde apoyarte, ideológicamente, vamos. Porque ya no tenés resquicios, no tenés rendijas, no tenés ventanas. Sos noche, sos oscuridad, sos silencio, sos frío, sos dolor, sos humedad, sos lluvia, sos muerte. Y no hay nada más a tu alrededor. Sólo angustias. Una detrás de otras llegan todas y van determinando también lo que sos. No, Cecilia. No. ¿Por qué? La duda asalta todos los días. Hubiera podido ser cualquier otro al que sólo lo hubiera angustiado la muerte y no la presencia del gran amigo güevón que lo tiene preso. ¿Pero cualquier otro no hubiera tenido bastante con la angustia de la muerte? No es suficiente lo que te dice el dolor y lo que deja de hablarte la noche tan fría y tan dura. Porque mirá que es dura. No sé si voy a pasar esta sin empezar a gritar. Estoy desesperado. No encuentro dónde estar, cómo encontrarme. No veo ninguna escapatoria ¿La hay, Cecilia? ¿Vos mirás alguna? Digo, me refiero a una escapatoria mental, a un recuento de los hechos que de pronto te libere de todo pensamiento. ¡Ideay, Cecilia! Lo tengo. Un remedio infalible para no sentirme enchiquerado. Pero de qué sirve si no viene, si no lo hace efectivo. ¿Dónde está el Gordo? ¿Porque no llega el jodido? Necesito hablar con alguien. Me urge antes de empezar a desarmarme.

Alguna vez pensé que lo más importante era estar vivo, Cecilia. Eran años llenos de expectativas, de sueños. Había que luchar, que entregarse de lleno y aún se hacía poco. El Gordo Valdivia me hablaba mucho; decía que era demasiado impulsivo, que me anduviera al suave, que a los cuarenta años iba a ser un viejo, que no me quedarían fuerzas para los mejores años, que según él eran los de la madurez. Tengo treinta y nueve y él andará por los cuarenta y cuatro. Los dos parecemos viejos; tenemos el rostro duro, siempre pensativo; el ceño fruncido. Nos rondan buitres; tenemos telarañas bajo los párpados, nublándonos la vista. Estamos olvidando las cosas, superponiendo los recuerdos caprichosamente. Él tiene nidos letales en su conciencia; desfiguros sentimentales cerca del corazón; yo al menos tengo limpio el horizonte. A mí me sigue intacta la esperanza. Es de día. Casi son dos semanas aquí. O un poco menos, como once días. No sé bien. Sólo entiendo que el sol se filtra por las rendijas de mi celda, que el suelo está nuevamente seco, que los soldados hacen maniobras allá afuera, que se oye la voz del asesor norteamericano, en su pésimo español, seguro de sí mismo y de su misión. Mirá qué suerte la mía, Cecilia. Enchiquerado. Descachimbándome el corazón de las vueltas locas que da la nostalgia. Y cuando estás solo, amor, empezás ya desesperado después de tantos días a desear el pasado, porque es el único pedazo de tu vida que parece verdadero. Imaginás tu infancia y los juegos con los demás cipotes de tu calle. Y corrés de nuevo cerca del Lago, pensando en que sos un héroe y vas a salvar a todo mundo de los malos que existen en tu tierra. Y crecés, Cecilia, y ya no hay más malos y buenos y sabés que no sos un héroe, que tan sólo intentás lo mejor para tu gente. Vencés tu voluntad de heroísmo por tus ganas de normalidad. De ser uno como todos, deseando seguir vivo, amando la tierra y sus flores. Y deseás que entonces no hubiera pasado ningún tiempo y seguís siendo ese chavalito contento dando vueltas por la calle y vergueándote queriéndolo o no con algún compa porque dijo que tu padre era un mierda y vos no lo soportaste. Pero los años pasan inevitablemente y vas perdiendo esa inocencia que no es la ignorancia que algunos adultos creen que poseen los niños. Vos no ignorás nada. Lo comprendés todo. Buscás y encontrás una explicación más o menos coherente a todas tus preguntas y nadie te viene con cuentos, porque captás las razones que mueven a la gente. Lo que sí cambia es el asombro con el que mirás las cosas. Así de pequeño todo te deja perplejo, asombrado. Investigás el porqué de todo. No querés quedarte con dudas. Y preguntás mucho. Cuando crecés, Cecilia, todo cambia. No tenés elección, no podés pasarte la vida mirándolo todo desde arriba, sin comprometerte, sin entregarte, vamos. Y empieza una nueva etapa en la que valés no por lo que sos sino por lo que hacés. Mientras en más actividades te metás mejor, te sentís más seguro de que estás cumpliendo. Entonces, Cecilia, cambiás la vida/juego de la infancia por la vida/compromiso. Todo es un deber. Y cuando estás al morir –por lo menos en mi caso– te das cuenta de que tampoco es así, que no tenés por qué ser tan serio y la vida tiene algo de juego y algo de compromiso. De qué te sirve la seriedad, pues, si seguís aburrido, nostálgico, angustiado al final de tu vida. No buscás más las razones. No violentás el pensamiento, que se dejen venir los recuerdos que quieran, que lleguen las acciones que vengan. Tu vida no es cuestión de un programa, Cecilia. Divertite mucho todo este tiempo que te resta. No te distraigás en lo banal. Tampoco dejés de creer en tu revolución ni de luchar por ella desde el lugar que te sea designado. Valorar la vida no significa volverse irresponsable, ¿verdad? Y parate en treinta con los recuerdos malos, con aquellos que destrozan. No permitás que la soledad te venza. Combatí la desesperación con la fuerza de la esperanza. Y no olvidés. Nunca. El olvido no es una salida, no es más que un huir miedoso, lentamente de la vida. No olvidés porque de tu recuerdo depende tu estabilidad. No pasés por alto la tortura y la injusticia. Nunca permitás la amnesia dirigida contra el dolor. Conservá el dolor porque te permite entender lo que sos. Nunca omitás la sangre ni des paso a la desmemoria de la traición. Un revolucionario siempre tiene buena memoria y no descuida ni pasa inadvertido el sufrimiento. Que no se desvanezca tu entrega ni un minuto. Mirá, Cecilia, cómo me pongo moralista en estos últimos momentos. Sé que me van a matar. No me han dicho nada pero es algo que sabés de sobra. Que no se te vaya el santo al cielo y olvidés que morí prisionero y quiénes fueron los que me mataron. Hace rato que no se oyen ya las pisadas y los movimientos de los soldados. Queda una estela de pólvora que se huele. Otra vez destrozándome los nervios con sus entrenamientos de tiros. Miles de balazos uno tras otro. Y hay un sólo recuerdo que me salva, que me hace temblar con la memoria de tu cuerpo, que hace que la vida se extinga sin importancia, arrebatándome el recuerdo y aplastando la consternación, la rabia, el coraje, la exacta dimensión de la tortura, la perfecta arquitectura del dolor, lanzándome al pánico instantáneo de la felicidad. Porque eso sí, Cecilia, nadie me quita todo lo bueno que viví. Nadie me arrebata tus ojos y los años que se entregaron a los míos. Nunca me podrán quitar todo el amor que dejé atrás. Y las experiencias que aunque nunca le transmita al Ernesto lo determinan y lo mueven y lo conmueven. Nadie me quita la esperanza de un país mejor, más justo, más racional, más perfecto. Todo en cambio me dice que la contra no dura, que vamos a salir triunfantes, que no va a quedar ni rastro de ellos, que va a empezar la verdadera reconstrucción; ya no la material sino la del hombre y sus miserias y sus preguntas. Y sé que mis palabras son rápidas, nerviosas, pero es natural. No es difícil darse cuenta del autoengaño, saber que vos nunca oirás todo esto que me digo para mí mismo, que nunca lo leerás porque no tengo con qué escribir. Ni siquiera la luz suficiente. Sólo una oscuridad capturada por rayitos hipócritas, mustios, filtrados por la madera mal puesta, aunque imposible de tirar. Todo sucede demasiado rápido para tener una conciencia exacta, un recuerdo preciso, pormenorizado. Me voy dando cuenta de que nadie sabrá lo que pasé estos días encerrado, que nadie se imaginará siquiera dónde estuve. Soy un desaparecido y seré un muerto. Nada más. Así de sencillo. Habrá algunos homenajes, y lágrimas sinceras. Habrá silencio. Y todo, después de mi muerte, dejará de existir. Tengo mi arroz y mi agua que no he probado. No tengo hambre alguna. ¿Te acordás de mí, Cecilia? Pero mirá qué preguntas empiezo a hacerte, cómo se entiende que ya no puedo más, que estoy en la desesperación más absoluta, como sólo puede estar un animal enchiquerado o un barraco al que van a capar muy pronto. ¡Puta vida, venir a acabar en esto! ¿Qué soy? No sé siquiera si significo algo, si mi muerte puede ayudar en alguna medida. No lo creo. Además cuando el caso era morir contra la Guardia tus compañeros te veían como un símbolo, luchaban impulsados por tu muerte, pero ahora, en este apresamiento tan absurdo qué queda sino reírse. Lo reconstruyo una vez y otra y no puedo creer que un rozón de bala me haya imposibilitado a arrastrarme al menos. ¿Dónde estaban mis compañeros huyendo despavoridos? Todavía veo a Molina voltearse e intentar recogerme para ser acribillado por una ráfaga de ametralladora. ¡Cómo no fui a morir ahí mismo! ¿Por qué me estaba reservada esta tortura tan ridícula, tan innecesaria? ¿Por qué es tan estúpida la muerte de un hombre? Ya no voy a estar más con vos, Cecilia. Y aunque mirés el monte pensando que soy yo, insisto, la montaña jodida no va a recordar siquiera quién soy, cuántas veces además en sus cachimberos me perdí, encontrando un abra pequeñita que me devolvía el rumbo. ¿Te imaginás la vida sin mí? A vos, quizá, sí la conmueva, pero al monte... Y voy a empezar a gritar de nuevo, pero ahora voy a llorar de impotencia. Estamos todos revueltos. ¿Todos quiénes? Estoy todo revuelto. Pienso en vos, me imagino tu cara de conejita asustada con la noticia. Imagino tus lágrimas y te juro que quisiera estar ahí para consolarte, para que sea menos duro. Pero va a ser imposible. Llega el Gordo al fin. Creo que o vamos a hablar un poco o es que voy a morir ya. "Tómalo con calma, Álvaro", oigo que me empieza a decir, "me ha llegado la orden de fusilarte y vamos a hacerlo hoy". Luego sigue hablando, ya no lo oigo casi. Escucho muy pálido el sonido de amigo, de entrega, de amor, de infancia, de recuerdo. Pero no encuentro sentido entre todas esas palabras y tampoco quiero hacerlo. Estoy muy mareado. La cabeza recostada en la tierra me da vueltas y vueltas. Es horroroso. No sabés qué terrible la cara consternada del Gordo ahí, chele, sus ojos azules viéndome como quien traspasa una pared, leyendo lo que estoy pensando, lo que me duele y lo que no me duele. Y el muy hijueputa empieza a llorar y se agacha y me abraza un poco y siento sus lágrimas calientes que golpean mi rostro con su piel casi pegada a la mía y me dice algo como adiós hermano o quién sabe qué. Y luego se acomoda la camisa y empieza a salir y yo le grito, "gracias, Gordo", después de no haber podido llorar ni gritar tampoco. "Cuidate", todavía alcanzo a pronunciar cuando él ya no puede más y cierra la puerta. Está acabado el hombre. Y lo inminente ya no se retarda y ya todo está terminado. ¿Qué es lo que un hombre normal hace en este momento? No lo sé. Yo por ahora empiezo a llorar un poco; tengo que llorar para desahogarme. Y voy a llorar por vos, Cecilia, por los siglos que me quisiste y por lo sola que estás desde hace tiempo, y voy a chillar encachimbándome por el Ernesto con el que tampoco pude estar, que nunca tuvo un padre de verdad. Y voy a llorar por mi mama y su coraje retenido. Y voy a llorar por todos mis hermanos muertos, Cecilia. Y entre ellos, entre todos los cadáveres, voy a depositar el del Gordo. Y voy a llorar por el Gordo, tan muerto. Y ya que haya llorado por todos ellos también voy a hacerlo por la impotencia y por la rabia y por el dolor retenido estos días de encierro en que no pude darles su merecido a todos estos malditos. Y poco a poco voy a ir dejando salir todo en esa agua caliente, húmeda que mis ojos expulsan con ira. Y voy a llorar por la montaña que aunque no se acuerde se va a quedar sola, más que sola sin mí. Y por mi Gran Lago y las tardes que estuve ahí, y por la banca en el parque donde vos y yo nos dimos tantos besos. Y por aquel juego de beisbol en donde bateé mi último home run, la pelota de mierda expulsada por todos los aires, lejísimos. Y voy a llorar por no haber podido jugar billar desde hace tantos años, entre cervezas y el humo de cigarros como una capa más del techo. ¡Qué cagada, puta! No sé por qué me vienen todas estas ideas como ráfagas, como balazos. Y ni siquiera me acuerdo de otras cosas, ni quiero, quizá. Varias noches en el círculo de estudios, yo explicando algún folleto a los compas. Las consignas. Las manifestaciones. La toma del Palacio Nacional en el 78. La última ofensiva tan heroica, tan maravillosa, con el pueblo todito en armas, entregadísimo. Y las noches después del triunfo, todavía sin descanso. La solidaridad inmensa. Las flores.

Los árboles fríos de una noche en la montaña. De una cruel noche, solo cuidando el campamento y sin conocer los secretos del monte. Todos los compas tan lejos. Y la voz del Gordo cuando él se queda y yo bajo de la montaña: "¡ideay, Álvaro!, sos un fiera, un guerrillero de primera". Y yo pensando de qué me sirve serlo si ahora voy directo a la ciudad, a una ciudad que no conozco; si no me he visto en el espejo estos seis meses y me va a asustar mi imagen en algún vidrio de las tiendas; si apenas reconozco ya el ruido de un bus que se acerca. Pero bajo, y el camino a la ciudad es largo y tenemos que parar en varias casas de algunos compitas donde hacemos escalas y dormimos. Y Waslala y la endemoniada operación. Regresa Yalagüina y las noches en vela esperando órdenes. Regresa la toma de Matagalpa, ahí en la jefatura de policía, gritando, ¡viva el Frente Sandinista! Regresan las caras de los guardias que son perros, que me torturaron y la imagen de mi papa acribillado por la guardia; y mis otros dos hermanitos, gigantes en el recuerdo, chavalitos entonces. Pero también regresa la desesperación, Cecilia. Es inevitable. Las manos sudan horrible. No puedo contener los nervios. El tiempo. Lo irreparable. Los años que dejaste de vivir. Los tablones mal acomodados. El día dejándose ver por los resquicios. La tierra ya seca. Lo inevitable que te desturca. Y todo empieza a ser pasado, a olvidarse ya. Me siento como si entrara a un gran pozo. Todo se borra. Nada permanece. Y quiero sostenerme de tu rostro, Cecilia. ¡Vos no te vayas aún! ¡No me dejés, querida mía, Cecilia! Por fin regresa. Tengo más presente de nuevo tu cara. La tomo entre mis manos, veo tus lágrimas y voy intentando que no llorés, que estés tranquila. Mis yemas limpian el agüita de tu cara. Mi palomita. Mi lengua saborea la canela de tu piel. La piel de tu oreja. ¿Me querés, verdad? Y tu nariz infla sus hoyitos, estás nerviosa también. Perdoname todo lo que te hago pasar, Cecilia, por favor. Me siento incómodo. Me paso la mano por la frente que suda toda. Los veo a todos lejanos. Sólo vos estás cerca, Cecilia. Y otra vez siento que empieza a caer una lluvia fina, como lágrimas también. Lo siento porque se oye en el techo, porque se huele la humedad. Voy a morir con lluvia, nunca lo pensé. Todo se resquebraja. Te necesito, Cecilia. Ven. Vos me comprendés. ¿Sí? ¿Entendés mi desesperación? Dejame tomarte tu rostro entre mis manos, permitime verme en tus ojos, linda. Que ellos me digan quién soy. Que ellos me digan que estás bien, que nada nos separa, que no me preocupe. Todo me duele. Hasta la lluvia me duele, Cecilia. Te ruego que permanezcás aquí y me dejés darte muchos besos, hasta que me canse. Y nunca me voy a cansar. Mirá qué linda cara tenés, Cecilia. Sos muy bella, bellísima. Ahí están los soldados que ya abrieron la puerta y me gritan que salga. Nunca pensé que iba a ser tan difícil despedirme de vos, Cecilia. Cuidate. Y no llorés, por lo que más querás. Te quiero, mi chavala. Hago como que me cuesta trabajo levantarme para tener más tiempo. Sé que el Gordo no va a dar la orden para el fusilamiento, sé que estará lejos y apretará el gatillo que sus soldados interpretarán como la señal para ejecutarme. Lo sé muy bien aunque él no me haya dicho nada. Y yo voy a gritar: ¡Patria libre o morir!, y luego sacando todas las fuerzas que acumulé estos días enchiquerado voy a gritarle que vamos a triunfar y que no importa que yo no lo vea, pues vos, Cecilia, a mi tumba irás a contármelo.

EPÍLOGO

Un día, a finales de 1978, mi madre llegó a la casa a la hora de la comida acompañada de un par de jóvenes desconocidos. Nos los presentó: Julio y Marvin (luego supe sus apellidos, Parrales Gómez). Eran estudiantes de medicina y de psicología en la Universidad de Puebla y se habían quedado sin remesas de sus padres por la situación en Nicaragua. Después se agravaría con la ofensiva final sandinista en 1979. Marvin tocaba la guitarra y la traía con él como Julio traía un estetoscopio. Vinieron a comer diariamente durante muchos meses. Hablamos y hablamos de Nicaragua. De Solentiname, del experimento comunitario de Ernesto Cardenal en Solentiname. Y yo intenté aprender a tocar la guitarra con Marvin, escuchando y repitiendo las canciones de Luis Enrique Mejía Godoy. *La misa campesina* me impresionó muchísimo. La historia del país hermano de Centroamérica se convirtió en central para mí, y para la generación anterior a la mía.

El más joven de los sacerdotes jesuitas con los que convivía diariamente en mi escuela y después, Ignacio González Molina se quiso ir a la guerrilla, pero se lo impidieron sus superiores. Algunos si se fueron a combatir. Nicaragua dejó de ser un país lejano. Se convirtió en íntimo. Todas las noches esperaba las noticias en televisión para ver los avances. 1979 fue crucial para mí por el triunfo del Sandinismo (el original, el que seguimos, no el remedo en el que se ha convertido tristemente en estos días, como tantas revoluciones). También porque el Papa viajaría a América Latina y especialmente a Puebla, donde yo vivía. Mi azoro cuando groseramente no saludó a Cardenal llegó al dolor cuando con Ratzinger, entonces una especie de moderno Torquemada, los condenó a él y a otros teólogos de la liberación a no poder ejercer su ministerio. En los días de la comisión de obispos, Celam, me tocó el privilegio de atender con otros jóvenes alumnos de jesuitas al padre Arrupe –el temido Papa Negro– y el contraste no pudo ser mayor. Quedé prendado del anciano etéreo, sobreviviente de Hiroshima cuya gentileza –ahora lo sé– y su sabiduría eran más los de un monje budista que un sacerdote católico.

Empecé a leer a autores nicaragüenses, cosa que en los años posteriores –con el magisterio de Miguel Donoso– resultó relativamente fácil. Me interesaron Pasos, Joaquín Cuadra, Pablo Antonio Cuadra, el propio Cardenal, José Coronel Urtecho. También Sergio Ramírez cuya crónica íntima del país a través de los cuentos me era muy cercana.

En 1985 mi relación con Nicaragua se haría, para siempre, íntima. Me hice novio de Indira –mi esposa ahora, tanto tiempo después– y lo mismo íbamos a eventos de solidaridad con su país, del que su familia se había tenido que exiliar con Somoza, pero al que volvía ella varias veces al año a ver a sus abuelos, tías, primas y primos. Mi familia también conoce el dolor del exilio y yo mismo vengo de una cortada por la guerra civil española. En los largos meses de verano –cada año–, Indira se iba a Nicaragua y yo la *perdía*. El primer año le escribí cartas diariamente, como si fuésemos personajes de una novela del siglo XIX. El segundo año, en cambio, le escribí como otra carta íntima, la novela que el lector tiene en sus manos en esta segunda edición.

Tomé algunas decisiones estéticas temerarias para que valiese la pena el empeño: estaría escrita en *nicaragüense*, un español que me fascinaba y que escuchaba, pero sobre el que tenía que investigar a fondo. Sucedería en Nicaragua y el tema sería la traición de la amistad. Un soldado contra apresa y tiene que matar a un viejo amigo al que tiempo atrás él mismo llevo al sandinismo. Debería ser un monólogo nostálgico también sobre todo lo que estaba a punto de perder frente a la muerte en manos de su antiguo mejor amigo, ahora en el bando contrario, el Gordo Valdivia. Debería ser un canto de amor al país que se pierde que, sentía yo, era un homenaje al exilio de Rosalina, la madre de Indira, y a mi propia novia de entonces. Carta y canto Tenía varios problemas enfrente: no conocía Nicaragua.

Mi cercanía con el país era a través de mi cariño, no de la geografía. Coloqué un mapa en el corcho frente a la pared de mi escritorio. Investigué sobre la flora y la fauna del país. Sobre sus ríos, sus pueblos, su historia nacional y su microhistoria. Había leído a Claribel Alegría –como novelista y como ensayista– y esa novela corta, *La montaña es algo más que una inmensa estepa verde*, de Omar Cabezas. Trabajé con ahínco en la hemerografía de la revolución. Cortázar había también escrito recién su *Nicaragua, tan violentamente dulce*. Carlos Fuentes había escrito un memorable discurso al recibir la medalla Rubén Darío. Yo estaba empapado de Nicaragua. Llegué a tener cerca, en plena investigación-escritura, casi cien libros. Y un glosario, o mejor un pequeño diccionario del idioma.

Escribí esta novela en mes y medio. Poseso. Diez horas diarias me encerraba en mi cuarto, que en realidad era una manera de salir de mi ciudad, de mi país e irme vicariamente a Nicaragua con Indira. Esta carta de amor íntima, personal, ve la luz de nuevo gracias a La Pereza. Nada me puede hacer más feliz que un editor nicaragüense, Dago Sásiga, radicado en Miami, la vuelva a poner a la luz. He ido desde entonces a Nicaragua en varias ocasiones, he conocido a mi familia y a escritores que admiraba. He hecho antologías de poesía nicaragüense y he entrevistado a Pablo Antonio Cuadra y he conversado con Anastasio Lovo y Erwin Silva a quienes considero herederos de esa gran tradición literaria y hoy considero amigos. He, sobre todo, seguido leyendo su literatura que siento mía.

Porque el amor si bien puede ser banal cuando se comparte más allá de la pareja, deja traslucir otras venas abiertas del alma humana. El novelista es eso: un juez de instrucción del alma humana. Yo he escrito un solo libro –en múltiples volúmenes-, el libro de la desilusión (religiosa, política, amorosa, vital). Este *Como quien se desangra*, que es también un homenaje a Ricardo Guiraldes, a Manuel Escorza y su *Garabombo el invisible*, es mi novela telúrica, la más latinoamericana, pero es también un canto desesperado sobre la traición de un amigo y la desilusión política. Creo que leerla en 2018 la revitaliza, porque sigue siendo actual, como si la hubiese escrito ayer un hombre que ha pasado del medio siglo y no el joven de veinte años que se atrevió a pensar, a sentir, a hablar e incluso en *nicaragüense*. Ojalá el lector la quiera tanto como yo.

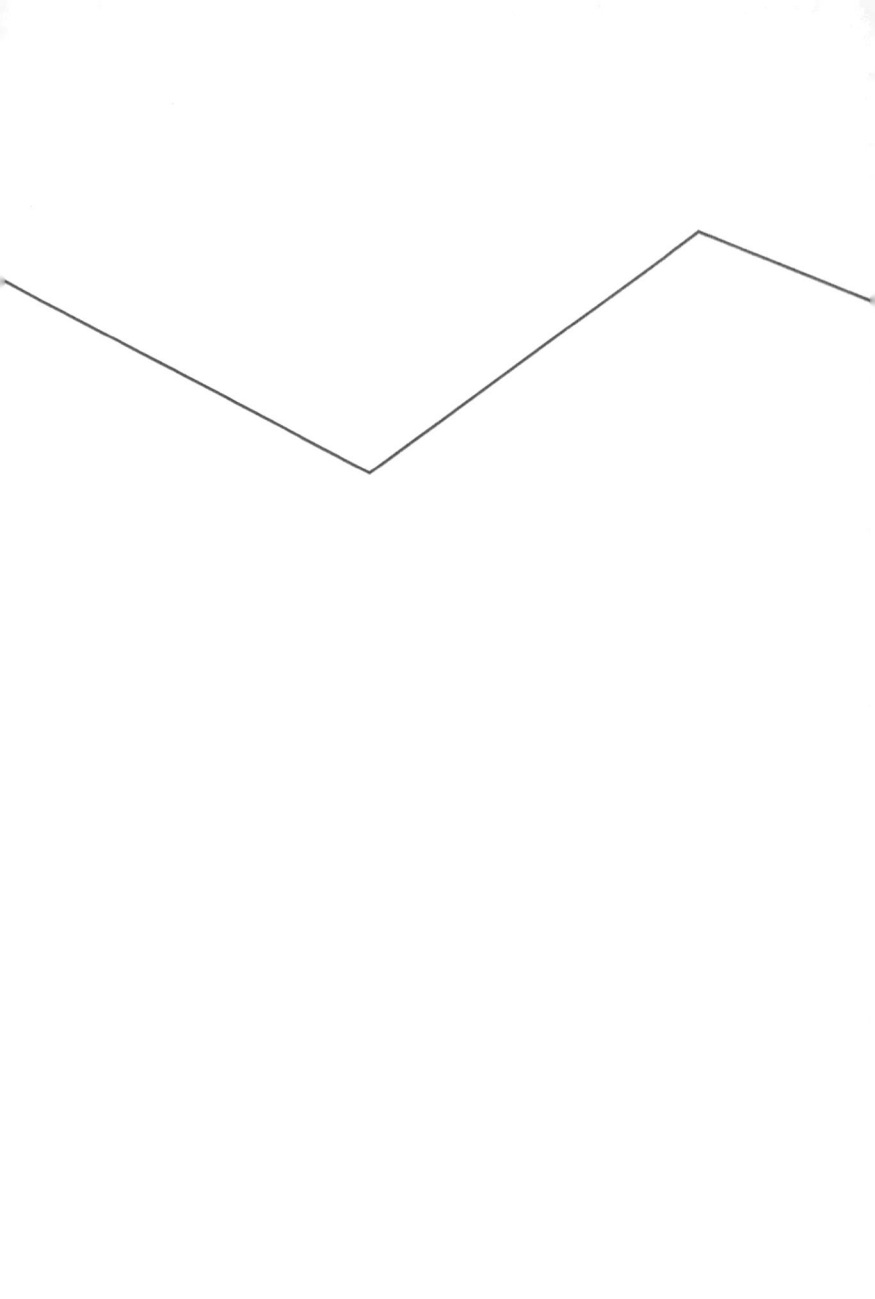

Otras obras publicadas por

la pereza Ediciones

de autores del Crack

Ficciones criminales
Jorge Volpi

Manifiesto del Crack (1996) Postmanifiesto del Crack (1996-2016)

Ricardo Chávez Castañeda

Ignacio padilla

Pedro Ángel palou

Eloy Urroz

Jorge Volpi

El ensayo del arte
Eloy Urroz

Demonios en casa
Pedro Ángel Palou

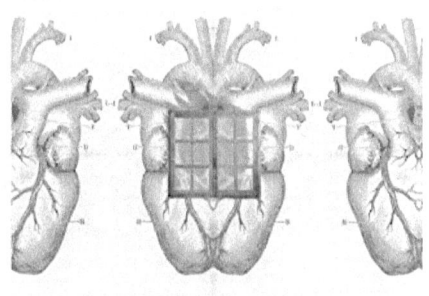

La Pereza Ediciones
Otros títulos publicados

Ella sigue de viaje
Luis Felipe Lomelí

Parábola de la cizaña
Federico Vite

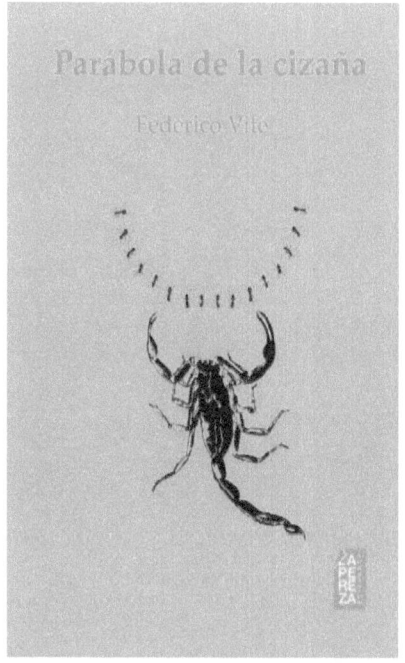

En la soledad de un cielo muerto
Laury Leite

Facundo Cabral:
sus últimos apuntes